Bua na Cainte 4

Clár Gaeilge do Rang a Ceathair

Seán de Brún ∗ Martina Ní Fhátharta

An Comhlacht Oideachais

An Comhlacht Oideachais

Bóthar Bhaile an Aird

Baile Uailcín

Baile Átha Cliath 12

www.edco.ie

Ball den Smurfit Kappa ctp

ISBN: 978-1-84536-836-4

Clúdach: Design Image (www.designimage.ie)

Dearadh agus clóchur: Design Image

Eagarthóir: Aoife Barrett (www.barrettediting.ie)

Obair ealaíne: Kim Shaw Illustrations (www.kimshaw.ie)

Grianghraif: *Lch. 173:* **Shutterstock.com:** €10 – thodonal88; **Shutterstock.com:** €5 – danutelu; €20 – deepblue4you; €50 – dandanian; €100 – chasdesign; Euro coins – Beboy ltd.

Cóipcheart

Gabhaimid buíochas leo seo a leanas a thug cead dúinn ábhar dá gcuid a úsáid sa leabhar seo: 'An tIora Rua' leis An tSiúr Colmcille; 'Mo Phóca' as *Dánta Bunscoile 1*, Folens; 'Na hÉin' as *Gach Aon Lá*, Rang a Ceathair, Folens; 'Seáinín' as *Dánta Bunscoile 1*, Folens; 'Seán Bán' as *Rabhlaí, Rabhlaí* le Roibeard Ó Cathasaigh agus Stiofán Ó Cuanaigh, Oidhreacht Chorca Dhuibhne; 'Ailiú Éanaí' as Gael Linn; 'Chuala mé an Ghaoth' as *Ispíní agus Subh*, Folens; 'Coinneal na Nollag' as *Dánta Bunscoile 1*, Folens; 'An Crann' as *Dánta Bunscoile 1*, Folens; 'An Galrollóir' as *Frog is Fiche* le Gabriel Rosenstock; 'Trasna Anseo' as *An Bealach Rúnda* le Brian Ó Baoill; 'An Deireadh Seachtaine' as *Maith Thú 4, An Comhlacht Oideachais*; 'An Seanchiteal' as *Dánta Bunscoile 1*, Folens; 'An Maith Libh Rock and Roll?' as *Mo Cheol Thú!* le Dominic Ó Braonáin, An Comhlacht Oideachais; 'Rachaidh mé ag Siopadóireacht' as *Mo Cheol Thú!* le Dominic Ó Braonáin, An Comhlacht Oideachais; 'An Leipreachán' as *Cartlanna Sheosaimh Uí Éanaí*; 'Éiníní' as Taisce Cheol Dúchais Éireann; 'Ar an Trá' as *Dánta Bunscoile 1*, Folens; 'Éirigí a Pháistí' as *Dánta Bunscoile 1*, Folens.

06J20

Clár

Réamhrá

Fáilte go *Bua na Cainte 4*, clár spreagúil teicneolaíochta Gaeilge do rang a ceathair a chabhraíonn leis an bpáiste torthaí foghlama *Churaclam Teanga na Bunscoile* a bhaint amach. Sa chlár nuálach seo, baintear leas as an teicneolaíocht chun suim an pháiste a mhúscailt sa Ghaeilge. Is clár grádaithe, céimnithe é agus tógtar ar an mbunchloch a leagadh sa chlár *Bua na Cainte 3*. I leabhar an pháiste tá gníomhaíochtaí oideachasúla den chéad scoth a chabhróidh leis an bpáiste an teanga a chleachtadh agus a úsáid i gcomhthéacsanna difriúla.

Múintear na snáitheanna, teanga ó bhéal, léitheoireacht agus scríbhneoireacht ar bhealach comhtháite. Tá an phríomhbhéim ar labhairt na Gaeilge ach forbraítear cumas léitheoireachta agus scríbhneoireachta an pháiste chomh maith trí ghníomhaíochtaí tarraingteacha léitheoireachta agus scríbhneoireachta bunaithe ar na ceachtanna comhrá.

Úsáidtear an leabhar mar scafall chun na páistí a spreagadh chun obair bheirte a dhéanamh. Tá an t-ábhar bunaithe ar réimse spéise na bpáistí agus tá go leor deiseanna ann dóibh dul i mbun cainte faoina dtaithí phearsanta féin.

Tá an-bhéim ar fheasacht teanga an pháiste a fhorbairt ar bhealach spraíúil, tarraingteach i gcomhthéacsanna réalaíocha. Tugtar deiseanna do na páistí orduithe a thabhairt, ceisteanna a chur agus a fhreagairt agus abairtí a tháirgeadh sna haimsirí éagsúla trí leas a bhaint as réimse leathan cluichí agus gníomhaíochtaí.

Tá éagsúlacht mhór amhrán, dánta agus scéalta traidisiúnta agus nua-aimseartha sa leabhar seo chun spéis na bpáistí a mhúscailt sa Ghaeilge agus i gcultúr na Gaeilge, chun saibhreas Gaeilge a mhúineadh dóibh agus chun dúil na bpáistí a spreagadh sa léitheoireacht agus sa scríbhneoireacht. Tá raon gníomhaíochtaí bunaithe ar na scéalta chun dúshlán a thabhairt dóibh agus chun na páistí a mhealladh chun dul i mbun cainte agus scríbhneoireachta faoi na scéalta.

Is cuid den chlár nuálach teicneolaíochta *Bua na Cainte 4* é an leabhar seo. Tacaíonn na gníomhaíochtaí cainte, léitheoireachta agus scríbhneoireachta sa leabhar leis an teanga a múineadh le cabhair na teicneolaíochta. Is cóir an clár teicneolaíochta, leabhar an mhúinteora agus leabhar an pháiste a úsáid i dteannta a chéile chun an tairbhe is fearr a bhaint as an gclár.

Go mbaine na páistí taitneamh agus tairbhe as an gclár *Bua na Cainte 4*.

Mé Féin

Bí ag Léamh

Róisín is ainm di.

Ruairí is ainm dó.

Oisín is ainm dó.

Liam is ainm do mo chara.

Bran is ainm do mo chara.

Niamh is ainm do mo chara.

Niamh agus Róisín is ainm dóibh.

Liam agus Ruairí is ainm dóibh.

Ciara agus Oisín is ainm dóibh.

Obair Bheirte

1 Cad is ainm dó?
   Lia is ainm ___.

2 Cad is ainm di?
   ___ is ainm ___.

3 Cad is ainm do na buachaillí?
   ___ agus ___ is ainm dóibh.

4 Cad is ainm do na buachaillí?
   ___ agus ___ is ainm ___.

5 Cad is ainm do na cailíní?
   ___ agus ___ is ainm ___.

6 Cad is ainm do na cailíní?
   ___ agus ___ is ainm ___.

7 Cad is ainm do na páistí?
   ___ agus ___ is ainm ___.

8 Cad is ainm do na páistí?
   ___ agus ___ is ainm ___.

9 Cad is ainm duit?
   _____.

10 Cad is ainm do do chara?
    ___ is ainm ___ mo chara.

Alanna

Tháinig mé ó Bhaile Átha Cliath
Le mo bhainseó ar mo ghlúin.
Chuaigh mé go Corcaigh
Mar is ann a bhí mo rún.

Bhí stoirm ann is bhí goimh sa ghaoth
Nuair a bhí mé ar mo shlí.
Nuair a chonaic mé mo ghrá geal
Bhí áthas ar mo chroí.

Ó Alanna, is tusa mo rún.
Tháinig mé ó Bhaile Átha Cliath
Le mo bhainseó ar mo ghlúin.

Can an t-amhrán.
Scríobh an t-amhrán i do chóipleabhar.
Tarraing pictiúr.

2

Bí ag Léamh

Cé hé sin?

Sin é an feirmeoir.

Cé hé sin?

Sin é an siopadóir.

Cé hí sin?

Sin í an dochtúir.

Cé hí sin?

Sin í an múinteoir.

Cé hiad sin?

Sin iad Oisín agus Niamh.

Cé hiad sin?

Sin iad Ruairí agus Róisín.

Cé hiad sin?

Sin iad Mamaí agus Daidí.

Cé hiad sin?

Sin iad na páistí.

Cé hiad sin?

Sin iad na cailíní.

Cé hiad sin?

Sin iad na buachaillí.

Cé hiad sin?

Sin iad na páistí.

Cé hiad sin?

Sin iad na múinteoirí.

 Obair Bheirte

1 Cé hé sin?
   Sin ____ ____.

2 Cé hí sin?
   Sin ____ ____.

3 Cé hí sin?
   Sin ____ ____.

4 Cé hé sin?
   Sin ____ ____.

5 Cé hiad sin?
   Sin _____ na cailíní.

6 Cé hiad sin?
   Sin ____ na buachaillí.

7 Cé hiad sin?
   Sin ____ na múinteoirí.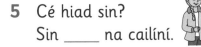

8 Cé hiad sin?
   Sin _____ na páistí.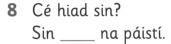

9 Cé hiad sin?
   Sin ___ Mamaí agus Daidí.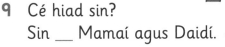

10 Cé hiad sin?
    Sin ___ _____ _____.

Bí ag Léamh

Spraoi le Briathra

 Bí ag Scríobh

Ordú

Tú	Sibh aigí igí
Léim	Léim___
Rith	Rith___
Caith	Caith___
Pioc	Pioc___
Déan	Déan___
Tóg	Tóg___
Cuir	Cuir___
Beir	Beir___

1 Rith go tapa.
Rith___ go tapa.

2 Léim go hard.
Léim___ go hard.

3 Caith an liathróid.
Caith___ na liathróidí.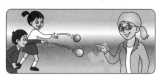

4 Beir ar an liathróid.
Beir___ ar na liathróidí.

5 Pioc suas na páipéir.
Pioc___ suas na páipéir.

6 Déan líne.
Déan___ líne.

aigí igí

Suimeanna Focal

1  Pioc + aigí = Piocaigí

2 Caith + igí = Caithigí

3 Beir + ___ = _____

4 Déan + ____ = _____

5 Tóg + ____ = _____

6 Rith + ___ = _____

7 Léim + ___ = _____

8 Cuir + ___ = _____

5

Bí ag Léamh (Mo Laethanta Saoire)

 Obair Bheirte

1 Cá raibh tú ar do laethanta saoire?

_____

2 Ar thaitin do laethanta saoire leat?

_____

Bratach na Gaillimhe	Bratach Mhaigh Eo	Bratach Shligigh	Bratach Liatroma	Bratach Ros Comáin

marún agus bán	glas agus dearg	dubh agus bán	glas agus ór	gorm agus buí

 Bí ag Caint

1 Cén dath atá ar bhratach na Gaillimhe?

Tá bratach na Gaillimhe _____ agus _____.

2 Cén dath atá ar bhratach Mhaigh Eo?

Tá bratach Mhaigh Eo _____ agus _____.

3 Cén dath atá ar bhratach Shligigh?

Tá bratach Shligigh _____ agus _____.

4 Cén dath atá ar bhratach Liatroma?

_____

5 Cén dath atá ar bhratach Ros Comáin?

_____

 Tarraing na bratacha i do chóipleabhar.

Bí ag Léamh An Buachaill Nua

Chuala na páistí cnag ar an doras. Tháinig buachaill nua isteach sa seomra ranga.

Cad is ainm duit?

Samar is ainm dom.

India

Bhí mé i mo chónaí in India ach tá mé i mo chónaí in Éirinn anois. Thaitin India go mór liom ach is breá liom Éire freisin.

Tá ceathrar i mo chlann.
Tá mé deich mbliana d'aois.
Tá deirfiúr amháin agam.
Tá sí seacht mbliana d'aois.
Níl aon deartháir agam.

'Fáilte romhat go rang a ceathair,' arsa an múinteoir.

Shuigh an buachaill síos in aice leis na páistí eile. Thosaigh na páistí ag caint agus ag comhrá. Thaitin an buachaill nua go mór leis na páistí.

7

Freagair na Ceisteanna

1 Cad a chuala na páistí?

2 Cé a tháinig isteach sa seomra ranga?

3 Cad is ainm don bhuachaill nua?

4 Cén aois é?

5 An mó duine atá ina chlann?

6 An mó deartháir atá aige?

7 An mó deirfiúr atá aige?

8 Cá raibh sé ina chónaí?

9 Cá bhfuil sé ina chónaí anois?

10 Ar thaitin an buachaill nua leis na páistí?

Bí ag Léamh

duine amháin

beirt

triúr

ceathrar

cúigear

seisear

seachtar

ochtar

naonúr

deichniúr

Obair Bheirte

1 Cén aois tú?

2 An mó duine atá i do chlann?

3 An mó deartháir atá agat?

4 An mó deirfiúr atá agat?

5 Cá bhfuil tú i do chónaí?

Bí ag Scríobh

1 Thaitin an _____ go mór leis.

2 Thaitin an _____ go mór leis.

3 Thaitin an _____ go mór leis.

4 Thaitin an _____ go mór leis.

moncaí

madra

cat

crann

 **Bí ag Scríobh**

Mamaí   Daidí   Oisín   Mise   Ciara   Bran

Mé Féin agus mo Chlann

Niamh is ainm dom.

Tá mé deich mbliana d'aois.

Tá mé i rang a ceathair.

Tá mo chuid gruaige fada agus dubh.

Tá mo chuid gruaige díreach.

Níl mo chuid gruaige catach.

Tá mo shúile gorm.

Is cailín ard mé.

Tá cúigear i mo chlann.

Tá deartháir amháin agam.

Oisín is ainm dó.

Tá sé deich mbliana d'aois freisin.

Tá deirfiúr amháin agam.

Ciara is ainm di.

Tá sí trí bliana d'aois.

Róisín is ainm do mo chara.

Tá madra agam.

Bran is ainm dó.

Tá mé i mo chónaí i mBaile Átha Cliath.

 Bí ag Scríobh   Mé Féin agus Mo Chlann

- Scríobh faoi do chuid gruaige.
- Scríobh faoi do chlann.
- Scríobh faoi do shúile.

Bí ag Léamh

mé	tú	sé	sí
 Oisín is ainm dom.	Niamh is ainm duit.	Ruairí is ainm dó. 	Róisín is ainm di. 

sinn	sibh	siad
Oisín agus Niamh is ainm dúinn.	Ruairí agus Róisín is ainm daoibh.	Liam, Ruairí agus Niamh is ainm dóibh.

 Líon na Bearnaí

1 mé: Liam is ainm ____.

2 sé: Oisín is ainm ____.

3 tú: Niamh is ainm ____.

4 sí: Róisín is ainm ____.

5 sí: Ciara is ainm ____.

6 sé: Ruairí is ainm ____.

7 sinn: Oisín agus Niamh is ainm ____.

8 sibh: Ruairí agus Róisín is ainm ____.

9 siad: Liam agus Niamh is ainm ____.

10 na páistí: Ruairí agus Ciara is ainm ____.

11 na buachaillí: Liam agus Oisín is ainm ____.

12 na cailíní: Niamh agus Ciara is ainm ____.

mé: dom
tú: duit
sé: dó
sí: di
sinn: dúinn
sibh: daoibh
siad: dóibh

Óró mo Bháidín

an trá

tonnta

mo bháidín

an cuan

Crochfaidh mé seolta
is gabhfaidh mé siar.
Óró, mo churaichín ó.
Is go hOíche Fhéile Eoin ní thiocfaidh
mé aniar.
Óró, mo bháidín.

Curfá
Óró, mo churaichín ó.
Óró, mo bháidín.
Óró, mo churaichín ó.
Óró, mo bháidín.

Nach breá í mo bháidín
ag snámh ar an gcuan.
Óró, mo churaichín ó.
Na maidí á dtarraingt go láidir is go buan.
Óró, mo bháidín.

Nach éachtach a léimneach thar thonnta ard'
Óró, mo churaichín ó.
Is nach éadrom í iompar aníos thar an trá!
Óró, mo bháidín.

mo churaichín

na maidí

Can an t-amhrán.
Scríobh an t-amhrán.
Tarraing pictiúr.
Tarraing an curaichín, na maidí, an trá, an cuan agus na tonnta.

11

Bí ag Léamh India

Bhí Samar ina chónaí in India.
Tá India san Áise.
Is tír an-mhór í.
Is í India an seachtú tír is mó
ar domhan.

Labhraíonn daoine Hiondúis in
India. Labhraíonn a lán daoine
Béarla in India freisin.

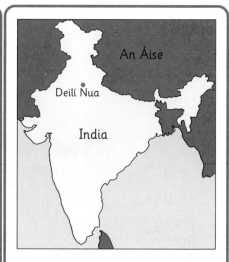

Is é Deilí Nua príomhchathair
na hIndia. 3

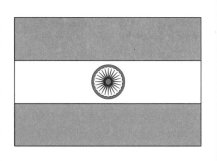

Tá bratach na hIndia oráiste,
bán agus glas.

Tá an Taj Mahal in India.

Itheann daoine rís agus glasraí
in India.
Ní itheann a lán daoine feoil
in India.

Tá leoin, tíogair agus eilifintí in India.

Obair Bheirte

1 Cá bhfuil India?

2 An tír mhór í?

3 Cad í príomhchathair na hIndia?

4 Cén dath atá ar bhratach na hIndia?

5 An bhfuil an Taj Mahal in Éirinn?

6 An bhfuil an Taj Mahal in India?

7 An itheann daoine rís in India?

8 An itheann daoine glasraí in India?

9 An itheann a lán daoine feoil in India?

10 Ainmnigh na hainmhithe atá in India.

Tarraing agus dathaigh bratach na hIndia i do chóipleabhar.

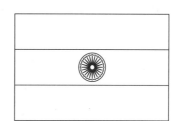

Scríobh an Scéal

Tá India san _____.

Is _____ an-mhór í.

Is í India an _____ tír is mó ar domhan.

Tá bratach na hIndia _____, bán agus glas.

_____ daoine rís agus glasraí in India.

Ní _____ a lán daoine feoil in India.

Tá leoin, _____ agus eilifintí in India.

Bia

Tarraing bia na hIndia ar an bpláta.

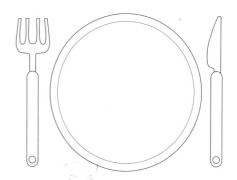

seachtú

Áise

tíogair

oráiste

Itheann

tír

Bí ag Léamh Timpiste

Bhí na páistí ag imirt peile sa pháirc.

Bhuail Oisín i gcoinne Liam.

Leag Oisín Liam de thimpiste.

Thit Liam go talamh.

Ghortaigh sé a chos.

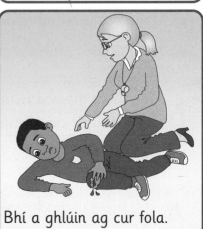

Bhí a ghlúin ag cur fola.

Chuir an múinteoir fios ar otharcharr.

Tháinig an t-otharcharr go tapa.

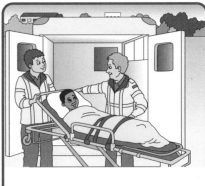

Bhí ar Liam dul go dtí an t-ospidéal.

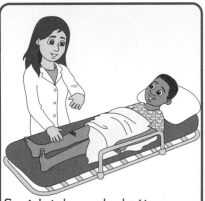

Scrúdaigh an dochtúir a chos.

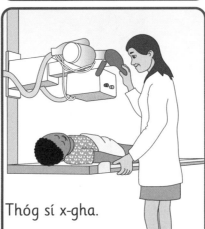

Thóg sí x-gha.

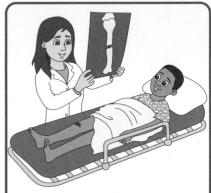

Dúirt an dochtúir go raibh a chos briste.

Freagair na Ceisteanna

1 Cad a bhí ar siúl ag na páistí?

2 Ar bhuail Oisín i gcoinne Liam?

3 Ar leag Liam Oisín?

4 Ar leag Oisín Liam?

5 Ar thit Liam go talamh?

6 Ar thit Oisín go talamh?

7 Ar ghortaigh Oisín a lámh?

8 Ar chuir Oisín fios ar otharcharr?

9 Ar scrúdaigh an dochtúir Liam?

10 Ar tháinig Oisín go dtí an t-ospidéal le Liam?

Ceisteanna – Inné		
Ar?	✓	**✗ Níor**
Ar bhuail? 2.	Bhuail	Níor bhuail
Ar leag?	Leag	Níor leag 4
Ar thit?	Thit	Níor thit 6.
Ar chuir? 8.	Chuir	Níor chuir 8.
Ar tháinig?	Tháinig 10.	Níor tháinig
Ar ghortaigh?	Ghortaigh	Níor ghortaigh 7.
Ar scrúdaigh?	Scrúdaigh	Níor scrúdaigh

 Spraoi le Briathra

Ceisteanna – Inné		
Ar?	✓	**✗ Níor**
Ar bhuail?		
Ar leag?		
Ar thit?		
Ar chuir?		
Ar tháinig?		
Ar ghortaigh?		
Ar scrúdaigh?		

 Foclóir

1  _ _ _ _ _ _ _ _

2 _ _ _ _ _ _ _ _

3  ag _ _ _ _ _ _ _

4 x- _ _ _ _

Spraoi le Briathra

	Inné h	Gach Lá ann eann	Amárach faidh fidh
Bhuail			
Leag			
Thit			
Chuir			

Scríobh na hAbairtí

1 Bhuail Oisín i gcoinne Liam inné.
_____ Oisín i gcoinne Liam gach lá.
_____ Oisín i gcoinne Liam amárach.

2 Leag Oisín Liam de thimpiste inné.
_____ Oisín Liam de thimpiste gach lá.
_____ Oisín Liam de thimpiste amárach.

3 Thit Liam go talamh inné.
_____ Liam go talamh gach lá.
_____ Liam go talamh amárach.

4 _____ an múinteoir fios ar otharcharr inné.
_____ an múinteoir fios ar otharcharr gach lá.
_____ an múinteoir fios ar otharcharr amárach.

Suimeanna Focal

Gach Lá ann eann

Amárach faidh fidh

1 Buail + _ _ _ _ = _ _ _ _ _ _ _ _ _

2 Buail + _ _ _ _ = _ _ _ _ _ _ _ _ _ _

3 Leag + _ _ _ = _ _ _ _ _ _ _

4 Leag + _ _ _ _ _ = _ _ _ _ _ _ _ _ _

5 Cuir + _ _ _ _ = _ _ _ _ _ _ _ _

6 Cuir + _ _ _ _ = _ _ _ _ _ _ _ _

7 Tit + _ _ _ _ = _ _ _ _ _ _ _

8 Tit + _ _ _ _ = _ _ _ _ _ _ _

An Coileach

Tá an coileach ag fógairt an lae.
Tá an coileach ag fógairt an lae.
Tá an ghealach ina luí,
Is an ghrian ag éirí
Tá an coileach ag fógairt an lae.

Tá an coileach ag fógairt an lae.
Tá an coileach ag fógairt an lae.
Tá an chearc is a hál,
Ina gcodladh go sámh
Tá an coileach ag fógairt an lae.

Tá an coileach ag fógairt an lae.
Tá an coileach ag fógairt an lae.
Tá an mhuc ag an doras
Ag iarraidh é a oscailt,
Tá an coileach ag fógairt an lae.

Tá an coileach ag fógairt an lae.
Tá an coileach ag fógairt an lae.
Tá muintir an tí
Go léir ag éirí,
Tá an coileach ag fógairt an lae.

Can an t-amhrán.
Scríobh an t-amhrán.

Bí ag Léamh (San Ospidéal)

Thug Mamaí agus Daidí cuairt ar Liam san ospidéal.

Cad a tharla?

Bhris mé mo chos.

An bhfuil pian i do chos anois?

Bhí pian i mo chos. Thug altra instealladh dom. Níl pian i mo chos anois.

Beidh Liam san ospidéal ar feadh cúpla lá.

Ar fheabhas! Beidh laethanta saoire agam ón scoil.

Foclóir (Mo Chorp)

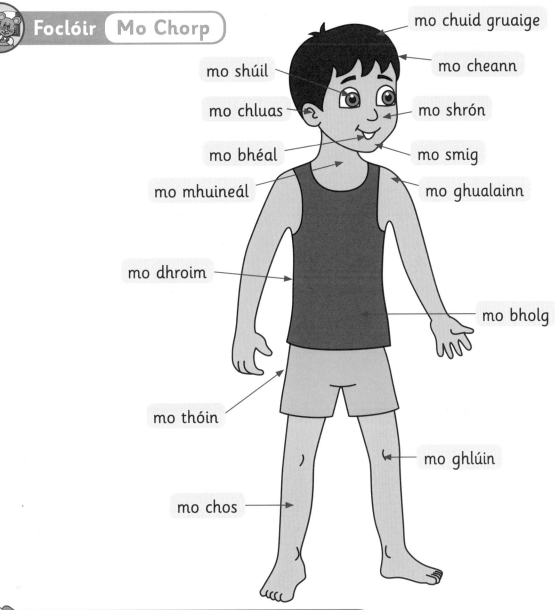

mo chuid gruaige

mo cheann

mo shúil

mo shrón

mo chluas

mo bhéal

mo smig

mo mhuineál

mo ghualainn

mo dhroim

mo bholg

mo thóin

mo ghlúin

mo chos

Tarraing Oisín i do chóipleabhar.
Scríobh na focail in aice leis an bpictiúr.

Bí ag Scríobh

1 Tá pian i ____.

2 Tá pian i ____.

3 Tá pian i ____.

4 Tá pian i ____.

5 Tá pian i ____.

6 Tá pian i ____.

7 Tá pian i ____.

8 Tá pian i ____.

9 Tá pian i ____.

10 Tá pian i ____.

An Nuacht

An Nuacht

Liam is ainm dom.
Tá mé i rang a ceathair.
Oisín is ainm do mo chara.
Bhí mé i Maigh Eo ar mo
laethanta saoire.
Thaitin mo laethanta saoire
go mór liom.

Tá buachaill nua i mo rang.
Samar is ainm dó.
Bhí timpiste agam.
Bhris mé mo chos.
Bhí mé san ospidéal ar feadh
cúpla lá.

 Bí ag Léamh (Tuar na hAimsire)

An Aimsir

Beidh an lá go hálainn.
Beidh sé te agus tirim.
Beidh an ghrian ag
taitneamh go hard sa spéir.

Scríobh an nuacht.
Scríobh tuar na haimsire.
Tarraing pictiúr.

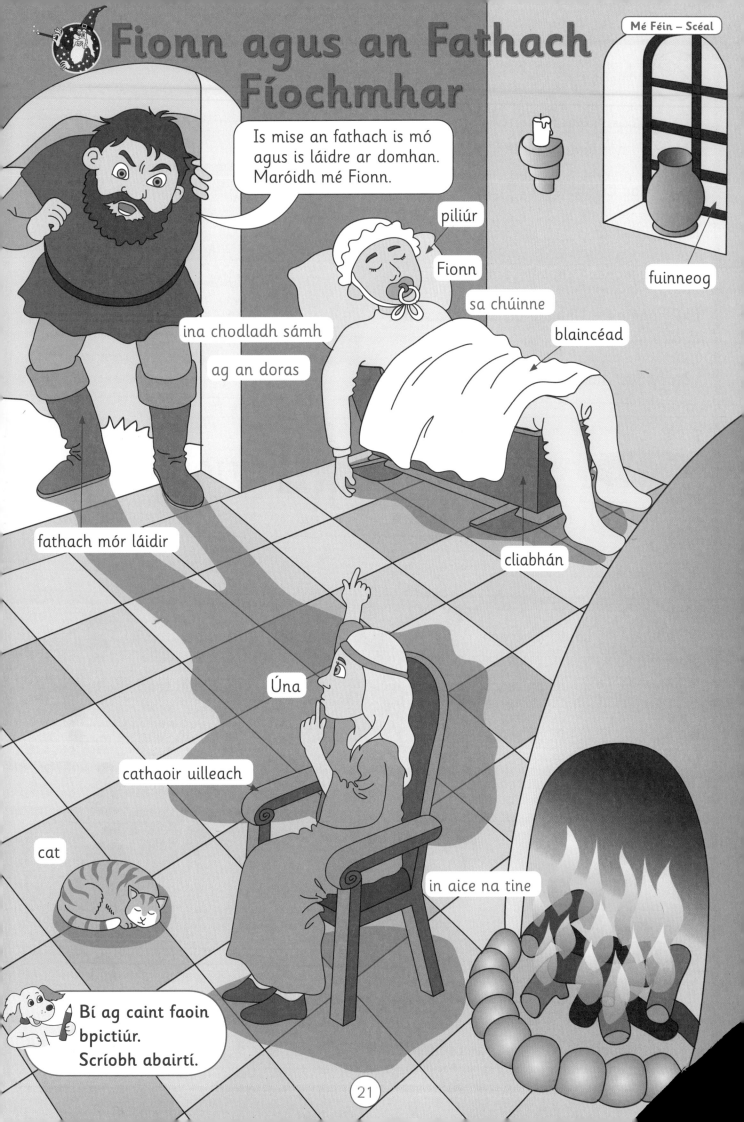

Scríobh an Scéal

Fionn agus an Fathach Fíochmhar

Bhí _____ mór láidir in Éirinn fadó.

Fionn Mac Cumhaill ab _____ dó.

Is mise an fear is _____ in Éirinn.

Tá mé beagnach chomh hard leis _____.

Bhí Fionn agus Úna ina gcónaí i gcaisleán in aice na _____.

Lá amháin, chonaic siad _____ ar an bhfarraige.

bád

na scamaill

farraige

mó

FIONN

ainm

taoiseach

Bí ag Scríobh

1 Tháinig ___ go dtí an teach.

2 Tháinig ___ go dtí an teach.

3 Tháinig ___ go dtí an teach.

4 Tháinig ___ go dtí an teach.

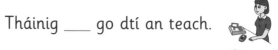

5 Tháinig ___ go dtí an teach.

6 Tháinig ___ go dtí an teach.

7 Tháinig ___ go dtí an teach.

8 Tháinig ___ go dtí an teach.

an feirmeoir

an báicéir

an búistéir

an fathach

an siopadóir

an ceoltóir

an fear

an dochtúir

Measúnú

1 sé: Oisín is ainm ___.

2 sí: Niamh is ainm ___.

3 sinn: Oisín agus Niamh is ainm ___.

4 sibh: Ruairí agus Róisín is ainm ___.

5 siad: Liam agus Ciara is ainm ___.,

6 na cailíní: Niamh agus Róisín is ainm ___.

7 na buachaillí: Oisín agus Ruairí is ainm ___.

8 na páistí: Oisín, Niamh agus Ciara is ainm ___.

mé: dom
tú: duit
sé: dó
sí: di
sinn: dúinn
sibh: daoibh
siad: dóibh

 Foclóir (**Mo Cheann**)

(mo shrón) (mo bhéal) (mo shúil) (mo chluas) (mo smig) (mo chuid gruaige)

 Spraoi le Briathra

Ceisteanna – Inné		
Ar?	✓	✗
Ar bhuail?		
Ar leag?		
Ar thit?		
Ar chuir?		
Ar tháinig?		
Ar ghortaigh?		
Ar scrúdaigh?		

Inné h	Gach Lá ann eann	Amárach faidh fidh
Chaith sí		
Phioc sí		
Thóg sí		
Chuir sí		
Léim sí		
Rith sí		

An Fómhar

Méan Fómhair

1	2	3	4	5
An chéad lá de Mheán Fómhair	An dara lá de Mheán Fómhair	An tríú lá de Mheán Fómhair	An ceathrú lá de Mheán Fómhair	An cúigiú lá de Mheán Fómhair

6	7	8	9	10
An séú lá de Mheán Fómhair	An seachtú lá de Mheán Fómhair	An t-ochtú lá de Mheán Fómhair	An naoú lá de Mheán Fómhair	An deichiú lá de Mheán Fómhair

 Obair Bheirte

1 Cad a bhí ar siúl ag na páistí ar an gcéad lá de Mheán Fómhair?
   Bhí na páistí ag snámh ar an gcéad lá de Mheán Fómhair.

2 Cad a bhí ar siúl ag na páistí ar an tríú lá de Mheán Fómhair?

3 Cad a bhí ar siúl ag na páistí ar an gcúigiú lá de Mheán Fómhair?

4 Cad a bhí ar siúl ag na páistí ar an seachtú lá de Mheán Fómhair?

5 Cad a bhí ar siúl ag na páistí ar an naoú lá de Mheán Fómhair?

6 Cad a bhí ar siúl ag na páistí ar an dara lá de Mheán Fómhair?

7 Cad a bhí ar siúl ag na páistí ar an gceathrú lá de Mheán Fómhair?

8 Cad a bhí ar siúl ag na páistí ar an séú lá de Mheán Fómhair?

ag sleamhnú

ag snámh

ag léamh

ag iascaireacht

ag imirt peile

ag siúl

ag iomáint

ag seinm ceoil

An tIora Rua

'Tá cnónna sa choill,'
arsa Seáinín le Páid.
'Baileoimid iad amárach.'
Chuaigh siad ann,
Ar maidin go moch.
Ach ní fhaca siad cnónna
In aon áit.

'Bhí gadaí anseo,'
arsa Seáinín le Páid.
'Agus sciob sé na cnónna breátha.'
Bhí iora beag rua
In airde ar chraobh.
Agus é sna trithí ag gáire.

Abair an dán.
Scríobh an dán.
Tarraing pictiúr.

25

Bí ag Léamh (fada/gearr)

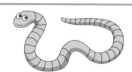 Tá an phéist fada.	 Tá an phéist gearr.	 Tá an scairf fada.	Tá an scairf gearr.
 Tá an ribín fada.	Tá an ribín gearr.	 Tá an líne fada.	 Tá an líne gearr.

 Obair Bheirte

1 Tá an scairf _____. 2 Tá an scairf _____.
3 Tá an líne _____. 4 Tá an líne _____.
5 Tá an ribín _____. 6 Tá an ribín _____.
7 Tá an phéist _____. 8 Tá an phéist _____.

 Bí ag Léamh (níos faide/níos giorra)

1 Tá an scairf níos faide ná an phéist.   2 Tá an líne níos faide ná an ribín.

3 Tá an phéist níos giorra ná an scairf.   4 Tá an ribín níos giorra ná an líne.

5 Bíonn na laethanta níos giorra san fhómhar. 6 Bíonn na hoícheanta níos faide san fhómhar.

 Obair Bheirte

1 Tá an sciorta dearg níos _____ ná an sciorta buí.   2 Tá an bríste gorm níos _____ ná an bríste donn.

3 Tá an ribín oráiste níos _____ ná an ribín corcra. 4 Tá an stoca dubh níos _____ ná an stoca gorm.

5 Bíonn na hoícheanta níos _____ san fhómhar.   6 Bíonn na laethanta níos _____ san fhómhar.

 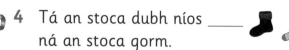

Bí ag Léamh (An Fómhar)

Is iad an t-earrach, an samhradh, an fómhar agus an geimhreadh séasúir na bliana.

Lúnasa   Meán Fómhair   Deireadh Fómhair

Is iad Lúnasa, Meán Fómhair agus Deireadh Fómhair míonna an fhómhair.

Titeann na duilleoga de na crainn.
Bíonn na duilleoga donn, buí, dearg agus órga.

Bailíonn an t-iora rua cnónna.

Téann an sciathán leathair, an ghráinneog agus an t-iora rua a chodladh don gheimhreadh.

Bíonn na héin ar na sreanga.

An Afraic

Téann an chuach agus an fháinleog go dtí an Afraic don gheimhreadh.

Éire

Fanann an spideog agus an dreoilín in Éirinn don gheimhreadh.

Bíonn na laethanta níos giorra san fhómhar.
Bíonn na hoícheanta níos faide san fhómhar.

 Obair Bheirte

 Spraoi le Briathra

1 Ainmnigh séasúir na bliana.

2 Ainmnigh míonna an fhómhair.

3 Cad a thiteann de na crainn?

4 Cén dath a bhíonn ar na duilleoga?

5 Ainmnigh na hainmhithe a théann a chodladh don gheimhreadh.

6 Ainmnigh na héin a théann go dtí an Afraic don gheimhreadh.

7 Ainmnigh na héin a fhanann in Éirinn don gheimhreadh.

Inné D'fh	Gach Lá ann eann	Amárach faidh fidh
D'fhan sé		
D'fhág sé		
D'fhéach sé		

Bí ag Caint **An Fómhar**

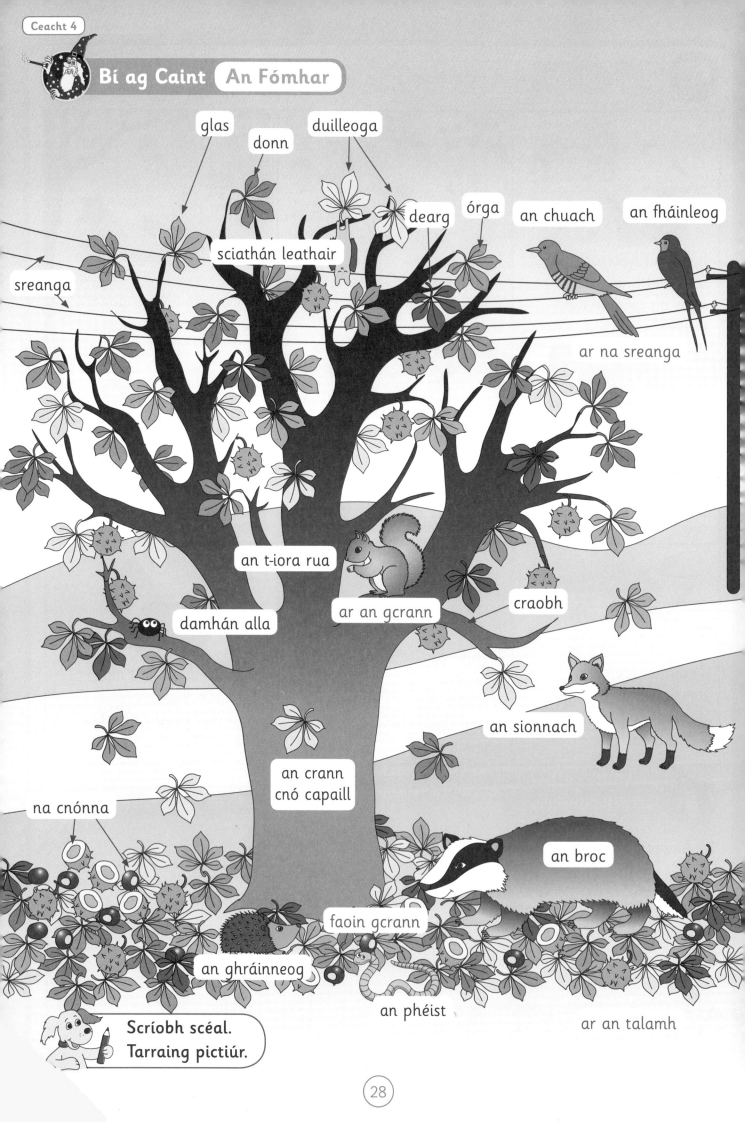

glas

donn

duilleoga

dearg

órga

an chuach

an fháinleog

sciathán leathair

sreanga

ar na sreanga

an t-iora rua

damhán alla

ar an gcrann

craobh

an sionnach

na cnónna

an crann
cnó capaill

an broc

faoin gcrann

an ghráinneog

an phéist

ar an talamh

Scríobh scéal.
Tarraing pictiúr.

An Ghráinneog

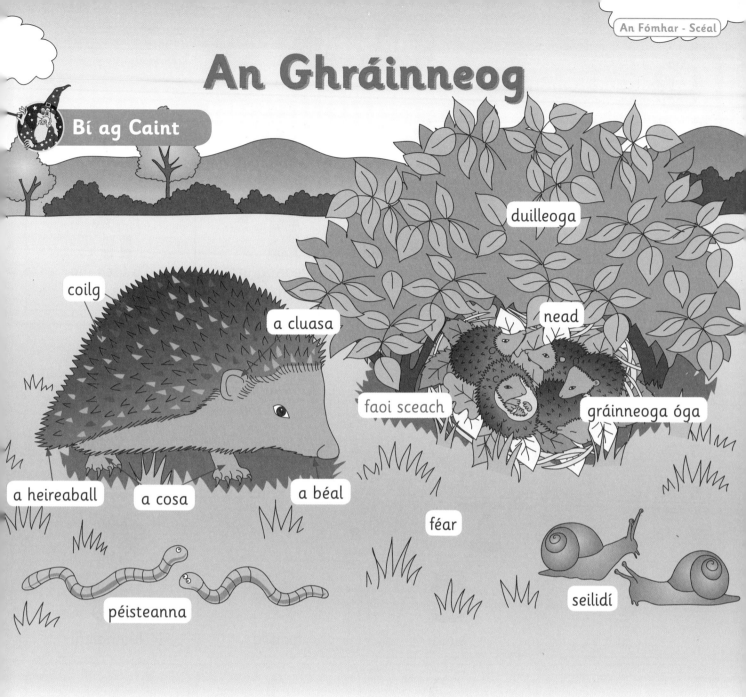

duilleoga

coilg

a cluasa

nead

faoi sceach

gráinneoga óga

a heireaball

a cosa

a béal

féar

péisteanna

seilidí

Scríobh an Scéal

An Ghráinneog

Seo í _____ _____.

Bíonn _____ ar an ngráinneog.

Bíonn _____ _____ fada.

Bíonn _____ _____ gearr.

Déanann sí _____  faoi _____.

Déanann sí nead as _____ 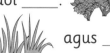 agus _____.

Itheann an ghráinneog _____ agus _____.

Tarraing pictiúr.
Scríobh na focail in aice
leis an bpictiúr.

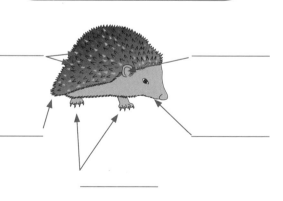

29

An Scoil

Bí ag Léamh

Tá cnámh i mo phóca agam.	Tá mirlín i do phóca agat.	Tá feadóg ina phóca aige.	Tá luch ina póca aici.

Bí ag Scríobh

1 Tá _____ i mo phóca agam.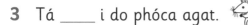

2 Tá _____ i mo phóca agam.

3 Tá _____ i do phóca agat.

4 Tá _____ i do phóca agat.

5 Tá _____ ina phóca aige.

6 Tá _____ ina phóca aige.

7 Tá _____ ina póca aici.

8 Tá _____ ina póca aici.

ubh	subh	feadóg	lámhainní
cnámh	mirlín	cloigín	luch

Scríobh na hAbairtí

1 Tá luch i __ _____ agam.

2 Tá úll i __ _____ agat.

3 Tá subh in__ _____ aige.

4 Tá cnámh in__ _____ aici.

5 Tá mirlín in__ _____ aige.

6 Tá feadóg in__ _____ aici.

7 Tá cloigín in__ _____ aige.

8 Tá ubh in__ _____ aici.

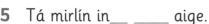

do phóca

mo phóca

a phóc[a]

a póca

Mo Phóca

Cad atá agamsa i mo phóca?

Dhá ubh agus subh agus feadóg.

Milseán is luch bheag

Agus úll agus frog

Agus lámhainní beaga gan ordóg.

Cad atá agamsa i mo phóca?

Pictiúr agus cnaipe geal glé.

Cnámh 's mirlín

Agus cloigín bog binn

A thug mo Mham domsa inné.

Abair an dán.
Scríobh an dán.
Tarraing pictiúr.

Bí ag Léamh

mé	tú

Tá rialóir **agam**.	Tá scriosán **agat**.

sé	sí

Tá bioróir **aige**.	Tá peann luaidhe **aici**.

sinn	sibh	siad

Tá leabhar **againn**.	Tá rialóirí **agaibh**.	Tá málaí scoile **acu**.

 Líon na Bearnaí

1 **mé:** Tá bioróir _____.

2 **sé:** Tá rialóir _____.

3 **tú:** Tá scriosán _____.

4 **sí:** Tá cás peann luaidhe _____.

5 **sí:** Tá peann luaidhe _____.

6 **sé:** Tá peann gorm _____.

7 **sinn:** Tá leabhair _____.

8 **sibh:** Tá cóipleabhair _____.

9 **siad:** Tá criáin _____.

10 **na páistí:** Tá marcóirí _____.

11 **na buachaillí:** Tá rialóirí _____.

12 **na cailíní:** Tá bioróirí _____.

mé: agam
tú: agat
sé: aige
sí: aici
sinn: againn
sibh: agaibh
siad: acu

Mo Chás Peann Luaidhe

Tá mo chás peann luaidhe corcra.

Tá rialóir, bioróir, scriosán, peann gorm, peann dearg, peann luaidhe agus marcóirí i mo chás peann luaidhe.

Fuair mé é sa siopa.

Cheannaigh mo Dhaidí é dom.

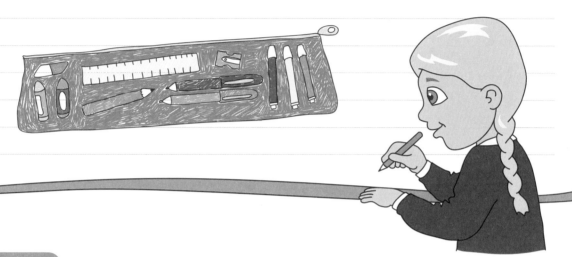

 Foclóir

scriosán   cás peann luaidhe   rialóir   bioróir

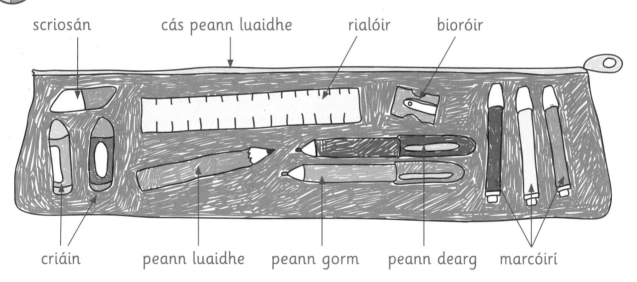

criáin   peann luaidhe   peann gorm   peann dearg   marcóirí

 Obair Bheirte

1 Cén dath atá ar do chás peann luaidhe?

2 Cad atá i do chás peann luaidhe?

3 Cá bhfuair tú é?

4 An bhfuil scriosán i do chás peann luaidhe?

5 An bhfuil rialóir i do chás peann luaidhe?

 Scríobh faoi do chás peann luaidhe.
Tarraing pictiúr den chás peann luaidhe.
Scríobh na focail in aice leis an bpictiúr.

Bí ag Scríobh

1 Rinne mé dearmad ar _____.   2 Rinne mé dearmad ar _____.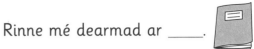

3 Rinne mé dearmad ar _____.   4 Rinne mé dearmad ar _____.

5 Rinne mé dearmad ar _____.   6 D'fhág mé _____ sa bhaile.

7 D'fhág mé _____ sa bhaile.    8 D'fhág mé _____ sa bhaile.

9 D'fhág mé _____ sa bhaile. 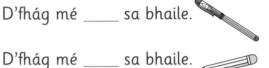   10 D'fhág mé _____ sa bhaile.

			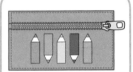	
mo rialóir	mo chriáin	mo mharcóirí	mo pheann luaidhe	mo chás peann luaidhe

mo leabhar	mo scriosán	mo pheann	mo bhioróir	mo chóipleabhar

 Scríobh na hAbairtí

1 Tabharfaidh mé _____ duit.

2 Tabharfaidh mé _____ duit.

3 Tabharfaidh mé _____ duit.

4 Tabharfaidh mé _____ duit.

5 Tabharfaidh mé _____ duit.

> Tabharfaidh mé scriosán duit.

peann dearg	scriosán	rialóir	gliú	siosúr

Bí ag Léamh [Ruairí ag Pleidhcíocht]

Bhí an múinteoir ag scríobh ar an gclár bán.
Bhí na páistí ag foghlaim dáin.
Bhí siad ag obair go dian.

Rinne Ruairí eitleán as páipéar.
Chaith sé an t-eitleán.
Thosaigh Liam ag gáire.

Chonaic an múinteoir an t-eitleán.
Bhí fearg ar an múinteoir.
Bhí sí ar buile.

Cé a chaith an t-eitleán?

Chaith mé an t-eitleán.

Thug an múinteoir íde béil dó.

Ná bí ag pleidhcíocht!

Tá brón orm.
Ní dhéanfaidh mé arís é.

Fan sa seomra ranga ag am sosa.
Críochnaigh do chuid oibre.

Ceart go leor.

 Freagair na Ceisteanna

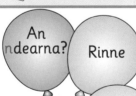

An ndearna? Rinne
Ní dhearna

1 Cad a bhí ar siúl ag an múinteoir?
2 Cad a bhí ar siúl ag na páistí?
3 An ndearna Oisín eitleán?
4 An ndearna an múinteoir eitleán?
5 Cé a rinne an t-eitleán?
6 Ar thosaigh Niamh ag gáire?
7 Cé a thosaigh ag gáire?
8 An raibh Ruairí ag obair go dian?
9 An raibh Róisín ag obair go dian?
10 Cén fáth a raibh fearg ar an múinteoir?

Spraoi le Briathra

Cuir na briathra sa chiseán ceart.

Grúpa a hAon	Grúpa a Dó
1 _____	1 _____
2 _____	2 _____
3 _____	3 _____
4 _____	4 _____
5 _____	5 _____

Cuir	Glan	Tosaigh	Dúisigh	Tóg

Dún	Bailigh	Gortaigh	Pioc	Scrúdaigh

igh
aigh

Suimeanna Focal

1
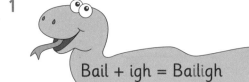
Bail + igh = Bailigh

2
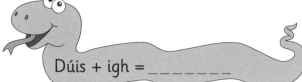
Dúis + igh = _____

3
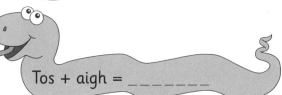
Tos + aigh = _____

4
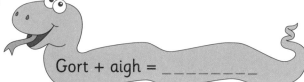
Gort + aigh = _____

5
Scrúd + aigh = _____

6
Críochn + aigh = _____

7
Dath + aigh = _____

8

Triom + aigh = _____

9
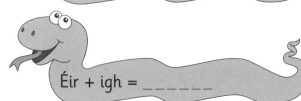
Éir + igh = _____

10
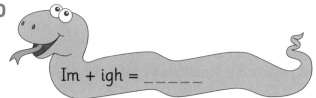
Im + igh = _____

Spraoi le Briathra

Ordú	Inné h
Dúisigh	Dhúisigh sí
Bailigh	Bhailigh sí
Tosaigh	Thosaigh sí
Críochnaigh	Chríochnaigh sí
Gortaigh	Ghortaigh sí
Triomaigh	Thriomaigh sí
Dathaigh	Dhathaigh sí

Ordú

'**Dúisigh**,' arsa Daidí.

Dhúisigh Niamh go luath ar maidin inné.

Scríobh na hAbairtí

1 'Bailigh na cóipleabhair,' arsa an múinteoir.

_____ Niamh na cóipleabhair inné.

2 'Tosaigh ag scríobh,' arsa an múinteoir.

_____ Niamh ag scríobh inné.

3 'Críochnaigh do chuid oibre,' arsa an múinteoir.

_____ Niamh a cuid oibre inné.

4 'Ná gortaigh tú féin,' arsa an múinteoir.

Níor _____ Niamh í féin inné.

5 'Triomaigh do lámha,' arsa Mamaí.

_____ Niamh a lámha inné.

6 'Dathaigh an pictiúr,' arsa Mamaí.

_____ Niamh an pictiúr inné.

Ar a Slí

Tiocfaidh sí timpeall an tsléibhe ar a slí.
Tiocfaidh sí timpeall an tsléibhe ar a slí.
Tiocfaidh sí timpeall an tsléibhe.
Tiocfaidh sí timpeall an tsléibhe.
Tiocfaidh sí timpeall an tsléibhe ar a slí. Yipí!

Curfá
Ag canadh *i-i, yipí, yipí-i. Yipí-i!*
Ag canadh *i-i, yipí, yipí-i. Yipí-i!*
Ag canadh *i-i, yipí, i-i, yipí.*
I-i, yipí, yipí-i. Yipí-i!

Tiocfaidh sí ar chapall bán ar a slí.
Tiocfaidh sí ar chapall bán ar a slí.
Tiocfaidh sí ar chapall bán.
Tiocfaidh sí ar chapall bán.
Tiocfaidh sí ar chapall bán ar a slí. Yipí!

Caithfidh sí pitseámaí síoda ar a slí.
Caithfidh sí pitseámaí síoda ar a slí.
Caithfidh sí pitseámaí síoda.
Caithfidh sí pitseámaí síoda.
Caithfidh sí pitseámaí síoda ar a slí. Yipí!

Beidh a ceann san aer aici ar a slí.
Beidh a ceann san aer aici ar a slí.
Beidh a ceann san aer aici.
Beidh a ceann san aer aici.
Beidh a ceann san aer aici ar a slí. Yipí!

Rachaimid chun bualadh léi ar a slí.
Rachaimid chun bualadh léi ar a slí.
Rachaimid chun bualadh léi.
Rachaimid chun bualadh léi.
Rachaimid chun bualadh léi ar a slí. Yipí!

Can an t-amhrán.
Scríobh an t-amhrán.
Tarraing pictiúr.

Spraoi le Briathra

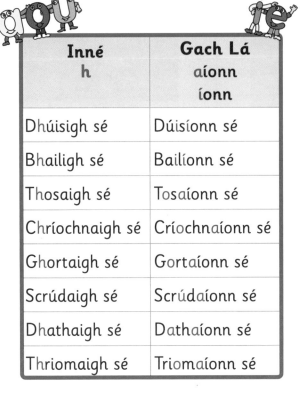

Inné h	Gach Lá aíonn íonn
Dhúisigh sé	Dúisíonn sé
Bhailigh sé	Bailíonn sé
Thosaigh sé	Tosaíonn sé
Chríochnaigh sé	Críochnaíonn sé
Ghortaigh sé	Gortaíonn sé
Scrúdaigh sé	Scrúdaíonn sé
Dhathaigh sé	Dathaíonn sé
Thriomaigh sé	Triomaíonn sé

Scríobh na hAbairtí

1 Dhúisigh sé go luath ar maidin inné.

_____ sé go luath ar maidin gach lá.

2 Bhailigh sé na cóipleabhair inné.

_____ sé na cóipleabhair gach lá.

3 Thosaigh sé ag scríobh inné.

_____ sé ag scríobh gach lá.

4 Chríochnaigh sé a chuid oibre inné.

_____ sé a chuid oibre gach lá.

5 Ghortaigh sé a chos inné.

_____ sé a chos gach lá.

6 Dhathaigh sé an pictiúr inné.

_____ sé an pictiúr gach lá.

7 Thriomaigh sé a lámha inné.

_____ sé a lámha gach lá.

Suimeanna Focal

aíonn íonn

1 Dúis + íonn = _____

2 Bail + íonn = _____

3 Tos + aíonn = _____

4 Críochn + aíonn = _____

5 Gort + aíonn = _____

Bí ag Léamh Na hÁbhair Scoile

Cad iad na hábhair a dhéanann tú ar scoil?

Déanaim Gaeilge.

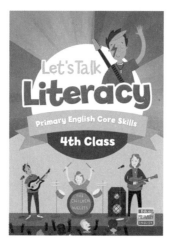

Déanaim Béarla.

Déanaim Matamaitic.

Déanaim Stair.

Déanaim Tíreolaíocht.

Déanaim Eolaíocht.

Déanaim Ceol.

Déanaim Ealaín.

Déanaim Corpoideachas.

Bí ag Léamh (**Ar Scoil**)

Obair Bheirte

1 Cén rang ina bhfuil tú?
   Táim _____ .

2 Cén rang ina raibh tú anuraidh?
   Bhí mé _____ .

3 Cad is ainm don scoil?
   _____ is ainm _____ .

4 Cad iad na hábhair a dhéanann tú ar scoil?
   Déanaim _____ .

5 Cén t-ábhar is fearr leat?
   Is fearr liom ____ .

6 Cén t-ábhar is fearr le Niamh?
   Is fearr léi ____ .

7 Cén t-ábhar is fearr le Róisín?
   Is fearr _____ .

8 Cén t-ábhar is fearr le hOisín?
   Is fearr leis ____ .

9 Cén t-ábhar is fearr le Ruairí?
   Is fearr _____ .

10 Cén t-ábhar is fearr le do chara?
   Is fearr le mo chara ____ .

 Bí ag Scríobh (Ainmnigh na hÁbhair)

Déanaim _____ .

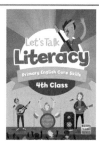
Déanaim _____ .

Déanaim _____ .

Déanaim _____ .

Déanaim _____ .

Déanaim _____ .

Déanaim _____ .

Déanaim _____ .

Déanaim _____ .

Cén t-am é?

 Tarraing an t-am.

Tá sé a ceathair a chlog.

Tá sé cúig tar éis a seacht.

Tá sé deich tar éis a haon.

Tá sé ceathrú tar éis a cúig.

Tá sé fiche chun a cúig.

Tá sé fiche cúig chun a trí.

Tá sé ceathrú chun a haon.

Tá sé cúig chun a seacht.

 Bí ag Scríobh

Tá sé leathuair tar éis a ceathair.

_____

_____

_____

_____

_____

_____

_____

Clár Ama

8:50 deich chun a naoi	Obair Bhaile
9:00 a naoi a chlog	Ceacht Gaeilge
9:45 ceathrú chun a deich	Ceacht Matamaitice
10:30 leathuair tar éis a deich	Sos
10:45 ceathrú chun a haon déag	Ceacht Béarla
11:30 leathuair tar éis a haon déag	Ceacht Eolaíochta
12:00 a dó dhéag a chlog	Ceacht Ceoil
12:30 leathuair tar éis a dó dhéag	Ceacht Ealaíne
1:00 a haon a chlog	Lón
1:30 leathuair tar éis a haon	Ceacht Corpoideachais
2:00 a dó a chlog	Ceacht Staire
2:30 leathuair tar éis a dó	Ag dul Abhaile

12 x 11 = 132

Obair Bheirte

1 Cén t-am a thosaigh an lá scoile?
Thosaigh an lá scoile ar deich chun a naoi.

2 Cén t-am a chríochnaigh an lá scoile?
Chríochnaigh an lá scoile ar leathuair tar éis a dó.

3 Cén t-am a thosaigh an ceacht Gaeilge?

4 Cén t-am a bhí sos ag Oisín?

5 Cén t-am a thosaigh an ceacht Béarla?

6 Cén t-am a thosaigh an ceacht Eolaíochta?

7 Cén t-am a thosaigh an ceacht Ealaíne?

8 Cén t-am a thosaigh an ceacht Ceoil?

9 Cén t-am a thosaigh an ceacht Corpoideachais?

10 Cén t-am a thosaigh an ceacht Matamaitice?

Scríobh do chlár ama féin.

Léigh an Scéal Na hÉin

Bhí an múinteoir ag scríobh ar an gclár bán.
Bhí na páistí ag obair go dian.

D'fhéach Ruairí amach an fhuinneog.
Chonaic sé préachán, faoileán, spideog agus dreoilín.

Chonaic an múinteoir Ruairí ag féachaint amach an fhuinneog.
Bhí fearg ar an múinteoir.

A Ruairí, níl tú ag tabhairt aire. Cén fáth a bhfuil tú ag féachaint amach an fhuinneog?

Tá brón orm, a mhúinteoir. Tá mé ag féachaint ar na héin.

Bí ag tabhairt aire.
Bí ag obair go dian.

Ceart go leor.

Thosaigh Ruairí ag obair ansin.

 Obair Bheirte

1 Cad a bhí ar siúl ag an múinteoir?
2 Cad a bhí ar siúl ag na páistí?
3 An raibh Ruairí ag léamh?
4 Ar fhéach Ruairí amach an fhuinneog?
5 Ar fhéach Niamh amach an fhuinneog?
6 An bhfaca Ruairí préachán?
7 An bhfaca Ruairí spideog?
8 An bhfaca Ruairí faoileán?
9 An bhfaca Ruairí an múinteoir?
10 An bhfaca an múinteoir Ruairí?

 Scríobh an Scéal Na hÉin

Bhí an múinteoir __ _____ ar an gclár bán.
Bhí na páistí ag obair __ ____.
D'fhéach Ruairí amach __ ____.
Chonaic sé _____.
Chonaic an múinteoir Ruairí ag féachaint ____ an fhuinneog.
Bhí ____ ar an múinteoir.

?	✓	✗
Ar fhéach sé?	D'fhéach sé	Níor fhéach sé
An bhfaca sé?	Chonaic sé	Ní fhaca sé

Na hÉin

D'fhéach mé amach an fhuinneog
In ionad a bheith ag léamh,
Agus chonaic mé na héin
Ag eitilt thuas sa spéir.

Chonaic mé préacháin
Thart timpeall na gcrann.
Chonaic mé faoileáin
Agus éan mór donn.

Ach ní fhaca mé an múinteoir,
Cé go bhfaca seisean mé,
Agus sin an fáth ar scríobh mé
An dán seo faoi na héin.

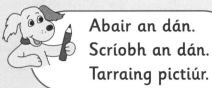

Abair an dán.
Scríobh an dán.
Tarraing pictiúr.

Bí ag Scríobh (An Seomra Ranga)

Scríobh an focal ceart.

1 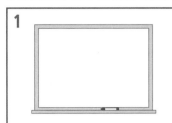	2 	3 	4 
5 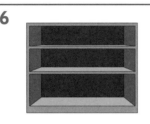	6 	7 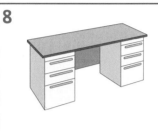	8 
9 	10 	11 	12 
13 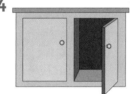	14 	15 	16 
17 	18 	19 	20

leabharlann	clár bán	stól	printéir
doirteal	bosca bruscair	léarscáil	ríomhaire glúine
cathaoir an mhúinteora	clog	seilfeanna	fuinneog
bord dúlra	siosúr	doras	póstaer
cófra	féilire	luch	bord an mhúinteora

47

Bí ag Caint An Seomra Ranga

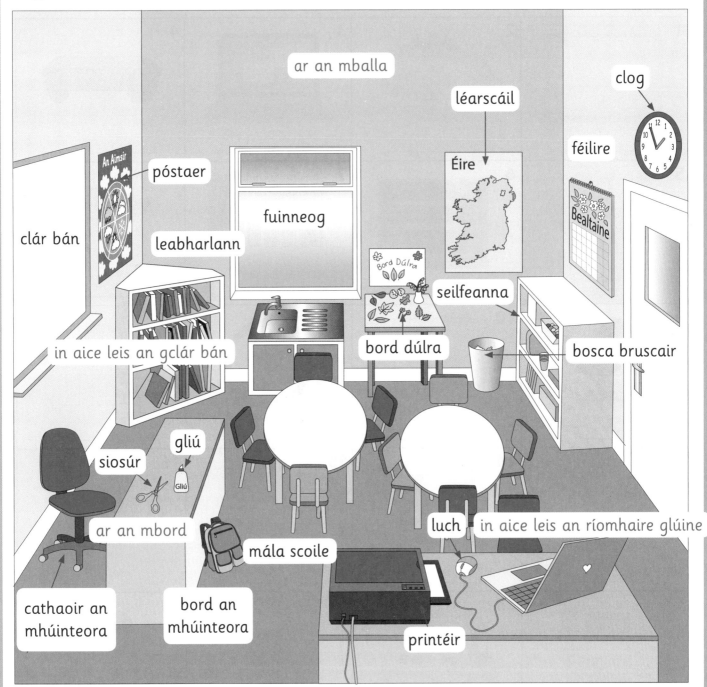

ar an mballa

léarscáil

clog

féilire

Éire

póstaer

fuinneog

clár bán

leabharlann

Bord Dúlra

seilfeanna

in aice leis an gclár bán

bord dúlra

bosca bruscair

gliú

siosúr

luch

in aice leis an ríomhaire glúine

ar an mbord

mála scoile

cathaoir an mhúinteora

bord an mhúinteora

printéir

Obair Bheirte

1   Cá bhfuil an póstaer?

2   Cad atá in aice leis an gclár bán?

3   Cad atá os comhair an chláir bháin?

4   Cá bhfuil an léarscáil?

5   Cad atá ar an mbord?

6   Cad atá faoin léarscáil?

7   Cad atá os comhair an bhoird?

8   Cad atá os cionn an dorais?

9   Cad atá taobh thiar de bhord an mhúinteora?

10   Cad atá os cionn na seilfeanna?

Bí ag Scríobh

póstaer
fuinneog
léarscáil
clár bán
leabharlann
Bord Dúlra
ríomhaire glúine

Mo Sheomra Ranga

Tá póstaer ar an mballa.

Tá bord an mhúinteora os comhair an chláir bháin.

Tá siosúr agus gliú ar an mbord.

Tá cathaoir an mhúinteora taobh thiar den bhord.

Tá mála scoile os comhair an bhoird.

Tá leabharlann in aice leis an gclár bán.

Tá leabhair sa leabharlann.

Tá léarscáil ar an mballa.

Tá bosca bruscair faoin léarscáil.

Tá clog os cionn an dorais.

Tá féilire os cionn na seilfeanna.

Tá printéir agus luch in aice leis an ríomhaire glúine.

Tá bord dúlra in aice leis an bhfuinneog.

 Scríobh faoi do sheomra ranga.
Tarraing pictiúr.

Clann Lir

sceacha

slat draíochta

caisleán

crann

Aoife

craobh

cosán

cleití

Rinne Aoife ealaí dínn.

ar bhruach
an locha

carraig

Fionnuala

sa loch

Aodh

Conn

Fiachra

ealaí

Bí ag caint faoin bpictiúr.
Scríobh an scéal.
Tarraing pictiúr.

Scríobh an Scéal [Clann Lir]

Bhí _____ ann fadó.

Lear ab ainm _____.

Bhí _____ páistí aige.

Bhí cailín _____ aige agus bhí _____ buachaillí aige.

Bhí máthair na leanaí _____.

Bhí an-ghrá ag _____ dá leanaí.

Bhí an-ghrá ag na _____ do Lear.

Phós Lear bean _____.

Aoife ab ainm _____.

_____ thaitin na leanaí le hAoife.

Rinne sí _____ de na páistí.

Níor	di	rí	dó	ealaí	ceathrar
eile	leanaí	amháin	Lear	triúr	marbh

 Bí ag Scríobh

1 Bhí grá ag _____ do na leanaí.

2 Bhí grá ag _____ do na leanaí.

3 Bhí grá ag _____ do na leanaí.

4 Bhí grá ag __ _____ do na leanaí.

5 Bhí grá ag _____ do na leanaí.

6 Bhí grá ag __ _____ do na leanaí.

Mamaí	an múinteoir	Daideo	Daidí	an tseanbhean	Mamó

Measúnú

1. Cén rang ina bhfuil tú?

   Táim _____.

2. Cén rang ina raibh tú anuraidh?

   Bhí mé _____.

3. Cad is ainm don scoil?

   _____ is ainm _____.

4. Cad iad na hábhair a dhéanann tú ar scoil?

   Déanaim _____.

5. Cén t-ábhar is fearr leat?

   Is fearr liom _____.

6. Cén t-ábhar is fearr le do chara?

   Is fearr le mo chara _____.

Líon na Bearnaí

mé: agam
tú: agat
sé: aige
sí: aici
sinn: againn
sibh: agaibh
siad: acu

1. sé: Tá bioróir _____.
2. sí: Tá peann _____.
3. sinn: Tá cóipleabhair _____.
4. sibh: Tá leabhair _____.
5. siad: Tá criáin _____.
6. na cailíní: Tá marcóirí _____.
7. na buachaillí: Tá leabhair _____.
8. na páistí: Tá cóipleabhair _____.

Spraoi le Briathra

Ordú	Inné h	Gach Lá aíonn íonn
Dúisigh	Dhúisigh sí	Dúisíonn sí
Bailigh		
Tosaigh		
Críochnaigh		
Gortaigh		

Oíche Shamhna

FAOI SHOLAS NA GEALAÍ

Oíche Shamhna a bhí ann.
Bhí an oíche dubh agus dorcha.
Bhí an ghealach agus réaltaí sa spéir.

Ar bhuille a dódhéag, thosaigh na creatlaigh ag damhsa faoi sholas na gealaí.
Lúb siad agus chas siad.
Bhí spórt agus spraoi acu.

Bhí ulchabhán in airde ar chrann.
Bhí sé ag faire ar na creatlaigh ag damhsa.

Bhí cailleach agus taibhse ag faire ar na creatlaigh freisin.

Ar bhuille a haon, stop na creatlaigh den damhsa.

D'imigh an chailleach agus an taibhse.
B'shin deireadh leis an rince faoi sholas na gealaí.

 ## Obair Bheirte

1 Cén saghas oíche a bhí ann?
2 An raibh an ghealach sa spéir?
3 Cén t-am a thosaigh an rince?
4 Cad a bhí ar siúl ag na creatlaigh?
5 Cá raibh an t-ulchabhán?
6 Cad a bhí ar siúl ag an ulchabhán?
7 Cad a bhí ar siúl ag an taibhse?
8 Cén t-am a chríochnaigh an damhsa?
9 Ar imigh an chailleach?
10 Ar imigh an taibhse?

 ## Tarraing

1 Tarraing na creatlaigh ag damhsa faoi sholas na gealaí.
2 Tarraing an ceann cait ag faire orthu.
3 Tarraing an chailleach agus an taibhse ag faire orthu freisin.
4 Scríobh abairtí faoin bpictiúr.

53

Faoi Sholas na Gealaí

Oíche Shamhna ar bhuille a dódhéag,
Thosaigh na creatlaigh.
Bhí siad réidh.
Lúb siad is chas siad.
Bhí spórt acu is spraoi.
Ag damhsa is ag bogadh.
Faoi sholas na gealaí.

Bhí ulchabhán ag faire.
Bhí cailleacha sa spéir.
Bhí taibhse ag eitilt.
Is bhí draíocht san aer.

Ar bhuille a haon, b'shin deireadh leis an spraoi.
Stop na creatlaigh, ar ais leo ina luí.
D'imigh na cailleacha 's an taibhse ar a slí.
B'shin deireadh leis an rince faoi sholas na gealaí.

Abair an dán.
Scríobh an dán.
Tarraing pictiúr.

54

Bí ag Caint | An Chailleach Ghránna

hata ard biorach

slat draíochta

ag déanamh draíochta

cat dubh

ar leac na fuinneoige

péist

luch

éan

frog

scuab

gúna fada corcra

réaltaí buí

coire

tine chnámh

riteoga glasa

bróga dubha

An Chailleach Ghránna

Seo í an chailleach ghránna.
Tá hata ard biorach uirthi.
Tá gúna fada corcra uirthi.
Tá réaltaí buí ar a gúna.
Tá riteoga glasa uirthi.
Tá bróga dubha uirthi.
Tá scuab in aice leis an gcailleach.
Tá cat dubh ar leac na fuinneoige.

Tá puimcín ar leac na fuinneoige freisin.
Tá slat draíochta ag an gcailleach.
Tá sí ag déanamh draíochta.
Chuir sí péist isteach sa choire.
Chuir sí luch isteach sa choire.
Chuir sí éan isteach sa choire.
Chuir sí frog isteach sa choire.

Scríobh an scéal.
Tarraing pictiúr.

Bí ag Léamh (**Oíche Shamhna**)

Oíche Shamhna a bhí ann.
Bhí laethanta saoire ag na
páistí ón scoil.

Bhí Mamó agus Daideo ag
tabhairt aire do na páistí.
Bhí Mamaí agus Daidí ag obair.

Rinne Mamó bairín
breac.

Mhaisigh na páistí an teach.
Chroch Oisín cnámharlach ar
an doras.

Chuir Ciara taibhse ar
an mballa.

Ghearr Niamh súile, srón
agus béal sa phuimcín.

Las sí coinneal agus
chuir sí an choinneal
sa phuimcín.

Chuir sí an puimcín lasmuigh den
doras.
Chuir sí puimcín eile ar leac na
fuinneoige.

Chuir Mamó soilse
oráiste ar an bhfuinneog.

Chuir Daideo cailleach
ghránna ar an
bhfuinneog.

Las Daideo tine chnámh sa
ghairdín.
Chuir sé adhmad sa tine chnámh.

Bhí na páistí ar bís.
Bhí siad sona sásta.

Scríobh an Scéal   Oíche Shamhna

1 Chroch Oisín ___ ar an doras.

2 Chuir Ciara ___ ar an mballa.

3 Ghearr Niamh súile, ___ agus béal sa phuimcín.

4 Las sí ___ agus chuir sí an choinneal sa phuimcín.

5 Chuir sí an ___ lasmuigh den doras.

6 Chuir sí puimcín eile ar ___ na fuinneoige.

7 Chuir Mamó ___ ___ ar an bhfuinneog.

8 Chuir Daideo ___ ghránna ar an bhfuinneog.

9 Las Daideo ___ ___ sa ghairdín.

10 Chuir sé ___ sa tine chnámh.

11 Bhí na páistí ar ___.

bís
tine chnámh
coinneal
adhmad
puimcín
cailleach
cnámharlach
srón
soilse oráiste
taibhse
leac

Spraoi le Briathra

Grúpa a hAon		
Inné h	Gach Lá ann eann	Amárach faidh fidh
Chroch sí		
Chuir sí		

Grúpa a hAon		
Inné h	Gach Lá ann eann	Amárach faidh fidh
Ghearr sí		
Las sí		

Scríobh na hAbairtí

1 Ghearr sí súile, béal agus srón sa phuimcín inné.

   ___ sí súile, béal agus srón sa phuimcín gach lá.

   ___ sí súile, béal agus srón sa phuimcín amárach.

2 Las sí coinneal inné.

   ___ sí coinneal gach lá.

   ___ sí coinneal amárach.

3 Chuir sí an puimcín ar leac na fuinneoige inné.

   ___ sí an puimcín ar leac na fuinneoige gach lá.

   ___ sí an puimcín ar leac na fuinneoige amárach.

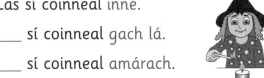

Bí ag Caint   An Chóisir

sciathán leathair

soilse oráiste

ag lorg bob nó bia

gléasta mar chailleach

cluiche

gléasta mar vaimpír

gléasta mar phuimcín

gléasta ma chreatlach

scuab

cnónna

crúiscín

bairín breac

oráiste

oráistí

Scríobh an scéal.
Tarraing pictiúr.

58

Obair Bheirte

1 Cé a bhí gléasta mar vaimpír?

2 Cé a bhí gléasta mar chailleach?

3 Cé a bhí gléasta mar phuimcín?

4 Cad a d'ith na páistí?

5 Cad a d'ól na páistí?

6 Ar imir na páistí cluiche?

7 Cé a tháinig go dtí an doras?

8 Cad a bhí ar siúl ag Róisín agus Ruairí?

9 Cé a chroch an t-úll ón tsíleáil?

10 An ndearna na páistí iarracht plaic a bhaint as an úll?

Spraoi le Briathra

Grúpa a Dó	
Inné **D'**	**Gach Lá** **aíonn** **íonn**
D'éirigh sí	Éiríonn sí
D'imigh sí	Imíonn sí
D'im_i_r sí	Imríonn sí
D'in_i_s sí	Insíonn sí

Scríobh na hAbairtí

1 D'éirigh an chailleach go luath inné.
   ___ an chailleach go luath gach lá.

2 D'imir an chailleach cluiche leis an gcat inné.

   ___ an chailleach cluiche leis an gcat gach lá.

3 D'inis sí scéal don chat inné.
   ___ sí scéal don chat gach lá.

4 D'imigh siad leo ar an scuab inné.
   ___ siad leo ar an scuab gach lá.

Léigh an Scéal (An Teach a Thóg Seán)

Seo é an teach a thóg Seán.

Seo é an mála a bhí sa teach a thóg Seán.

Seo é an téad a cheangail an mála a bhí sa teach a thóg Seán.

Seo í an luch a d'ith an téad a cheangail an mála a bhí sa teach a thóg Seán.

Seo é an cat a mharaigh an luch a d'ith an téad a cheangail an mála a bhí sa teach a thóg Seán.

Seo é an madra a lean an cat a mharaigh an luch a d'ith an téad a cheangail an mála a bhí sa teach a thóg Seán.

Seo í an bhó a rop an madra a lean an cat a mharaigh an luch a d'ith an téad a cheangail an mála a bhí sa teach a thóg Seán.

Seo é an fear a chrúigh an bhó a rop an madra a lean an cat a mharaigh an luch a d'ith an téad a cheangail an mála a bhí sa teach a thóg Seán.

An Teach a Thóg Seán

an teach

an bhó

an mála

an téad

an cat

an fear

an luch

an madra

Scríobh an Scéal

1 Seo é ___ a thóg Seán.

2 Seo é ___ a bhí sa teach a thóg Seán.

3 Seo é ___ a cheangail an mála a bhí sa teach a thóg Seán.

4 Seo í ___ a d'ith an téad a cheangail an mála a bhí sa teach a thóg Seán.

5 Seo é ___ a mharaigh an luch a d'ith an téad a cheangail an mála a bhí sa teach a thóg Seán.

6 Seo é ___ a lean an cat a mharaigh an luch a d'ith an téad a cheangail an mála a bhí sa teach a thóg Seán.

7 Seo í ___ a rop an madra a lean an cat a mharaigh an luch a d'ith an téad a cheangail an mála a bhí sa teach a thóg Seán.

8 Seo é ___ a chrúigh an bhó a rop an madra a lean an cat a mharaigh an luch a d'ith an téad a cheangail an mála a bhí sa teach a thóg Seán.

Bia

 Léigh an Scéal (Na hÚlla)

Bhí Seáinín agus Úna faoin tuath inné. Chonaic siad úlla deasa thuas ar an gcrann i bpáirc mhór.

Ba mhaith liom ceann.

Ba mhaith liom ceann freisin.

Isteach leo sa pháirc. Bhí bata ag Seáinín.

Leagfaidh an bata na húlla. Titfidh na húlla anuas.

Chaith sé an bata suas ar an gcrann.

Níor leag an bata na húlla. Tháinig an bata anuas ar a cheann.

Bhuail an bata Seáinín. Thit Seáinín go talamh. Bhí pian uafásach ina cheann aige.

Féach! Tá an feirmeoir agus a mhadra mór fíochmhar ag teacht.

Chabhraigh Úna le Seáinín.

Léim siad thar an gclaí. Rith siad amach as an bpáirc ar nós na gaoithe.

 Freagair na Ceisteanna

1 Cathain a bhí na páistí faoin tuath?

2 Cad a chonaic siad ar an gcrann?

3 Cad a bhí ag Seáinín?

4 Cé a chaith an bata?

5 Ar thit na húlla anuas?

6 Ar thit an bata anuas?

7 Ar bhuail an bata Seáinín?

8 Ar bhuail an bata Úna?

9 Cén fáth a raibh pian ina cheann aige?

10 Cén fáth ar rith na páistí amach as an bpáirc go tapa?

Seáinín

úlla

ar an gcrann

sceacha

claí

pian ina cheann

bata

Bhí bata ag Seáinín.
Bhí úlla ar an gcrann.
'Ó!' arsa Seáinín.
'Ba mhaith liom ceann.'

Chaith sé an bata,
Suas ar an gcrann.
Ach tháinig an bata,
Anuas ar a cheann.

Tá bata ag Seáinín.
Tá úlla ar an gcrann.
Níl aon rud ag Seáinín,
Ach pian ina cheann.

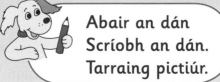

Abair an dán
Scríobh an dán.
Tarraing pictiúr.

Bí ag Léamh (An Bricfeasta)

An Satharn a bhí ann.
Dhúisigh Oisín go luath.
D'éirigh sé ansin.

Chuir sé a chuid éadaí air.

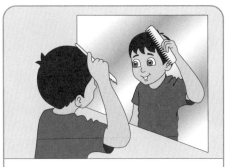

Chíor sé a chuid gruaige.

Rith sé síos an staighre.

Déanfaidh mé an bricfeasta don chlann.

Chuir sé uibheacha, ispíní agus slisíní bagúin isteach sa fhriochtán.
Chabhraigh Bran leis.
Chuir Bran an páipéar isteach sa bhosca bruscair.

Leag sé an bord.
Chuir sé éadach boird, gréithe agus bia ar an mbord.

Nuair a d'éirigh an chlann, bhí an bricfeasta réidh.

Go raibh míle maith agat.

Tá ocras an domhain orainn.

Maith thú!

Bhí an chlann go léir an-sásta.

 Spraoi le Briathra

Cuir na briathra sa bhosca ceart.

Grúpa a hAon	Grúpa a Dó

(D'éirigh) (Leag) (Dhún) (Rith) (Chuir) (Chíor) (Dhúisigh) (Chabhraigh)

Spraoi le Briathra

Grúpa a Dó	
Inné	**Amárach** **óidh** **eoidh**
Thosaigh sé	Tosóidh sé
Chabhraigh sé	Cabhróidh sé
Chríochnaigh sé	Críochnóidh sé
Dhúisigh sé	Dúiseoidh sé
Bhailigh sé	Baileoidh sé
Ghortaigh sé	Gortóidh sé
Scrúdaigh sé	Scrúdóidh sé

 Suimeanna Focal

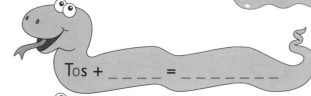
1 Tos + _ _ _ _ = _ _ _ _ _ _

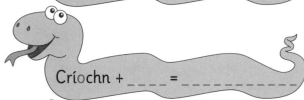
2 Críochn + _ _ _ _ = _ _ _ _ _ _

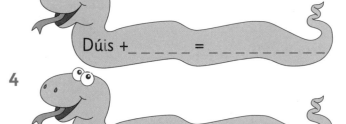
3 Dúis + _ _ _ _ = _ _ _ _ _ _

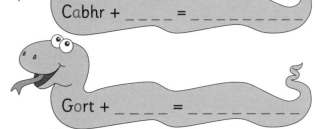
4 Cabhr + _ _ _ _ = _ _ _ _ _ _

5 Gort + _ _ _ _ = _ _ _ _ _ _

6 Bail + _ _ _ _ = _ _ _ _ _ _

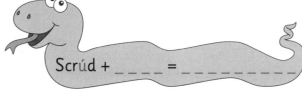
7 Scrúd + _ _ _ _ = _ _ _ _ _ _

 Scríobh na hAbairtí

1 Dhúisigh Oisín go luath inné.
   ____ Oisín go luath amárach.

2 Bhailigh Niamh na cóipleabhair inné.
   ____ Niamh na cóipleabhair amárach.

3 Chabhraigh Bran le hOisín inné.
   ____ Bran le hOisín amárach.

4 Ghortaigh Oisín a chos inné.
   ____ Oisín a chos amárach.

65

Bí ag Léamh (**Mo Bhricfeasta**)

An Satharn a bhí ann.
D'ullmhaigh Oisín an bricfeasta dom.
Bhí mé stiúgtha leis an ocras.

Ar dtús, d'ith mé gránach.

Ansin, d'ith mé ubh fhriochta, ispíní agus slisíní bagúin.

D'ith mé tósta, im agus marmaláid freisin.

Ar deireadh, d'ól mé sú oráiste.

Bhí mé lán go béal.
Thaitin an bricfeasta go mór liom.

Scríobh an Scéal

Mo Bhricfeasta

An _____ a bhí ann.

Bhí mé _____ leis an ocras.

D'ullmhaigh _____ an bricfeasta dom.

Ar dtús, d'ith mé _____.

D'ith mé _____ freisin.

Ansin, d'ith mé _____.

Ar deireadh, d'ól mé _____.

Bhí mé lán _____.

Thaitin _____ go mór liom.

Biachlár

leite gránach tósta im

marmaláid subh arán donn

sú oráiste bainne uisce arán bán

ispíní slisíní bagúin ubh fhriochta

Bí ag Caint

An Chistin

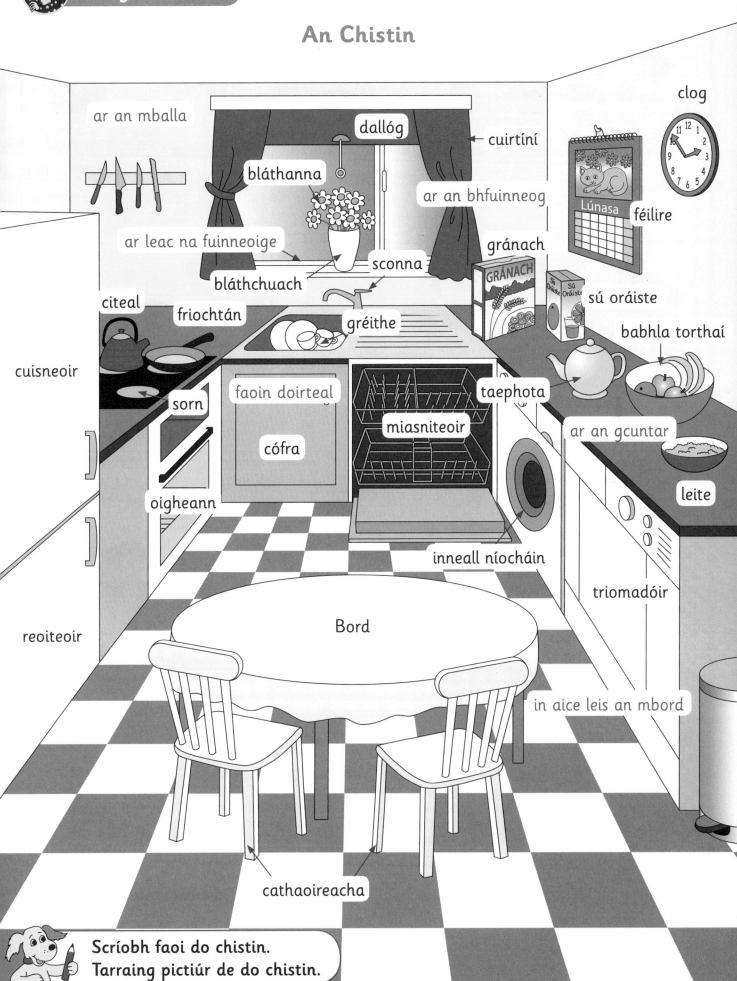

clog

ar an mballa

dallóg

cuirtíní

bláthanna

ar an bhfuinneog

Lúnasa

féilire

ar leac na fuinneoige

gránach

sconna

GRÁNACH

sú oráiste

citeal

bláthchuach

gréithe

babhla torthaí

friochtán

cuisneoir

taephota

faoin doirteal

sorn

miasniteoir

ar an gcuntar

cófra

leite

oigheann

inneall níocháin

triomadóir

reoiteoir

Bord

in aice leis an mbord

cathaoireacha

Scríobh faoi do chistin.
Tarraing pictiúr de do chistin.

67

Bí ag Léamh (An Dinnéar)

Bhí an chlann ag ithe an dinnéir. D'ith siad scadán, glasraí agus sceallóga prátaí.

Bhí Oisín stiúgtha leis an ocras. D'ith sé an béile go tapa.

'Bí cúramach!' arsa Mamaí. 'Ná hith na cnámha sa scadán.'

Go tobann, thosaigh Oisín ag béiceadh.

'Cad atá air?' arsa Niamh. 'Tá cnámh ina scornach,' arsa Mamaí.

'Tóg go bog é!' arsa Mamaí. 'Beidh tú ceart go leor.'

Bhuail Mamaí a dhroim. Thosaigh Oisín ag casacht.

Leis sin, thóg Oisín cnámh amach as a bhéal.

An bhfuil tú ceart go leor?

Tá mé ceart go leor, buíochas le Dia.

Thug Mamaí gloine uisce d'Oisín.

 Obair Bheirte

1 Cad a d'ith na páistí?

2 An raibh cnámha san iasc?

3 An raibh ocras ar Oisín?

4 Cén fáth ar thosaigh Oisín ag béiceadh?

5 Cad a rinne Mamaí nuair a thosaigh Oisín ag béiceadh?

6 Cén saghas éisc a d'ith Oisín?

7 Cad a bhí i scornach Oisín?

8 Cad a thóg Oisín as a bhéal?

9 Cad a thug Mamaí d'Oisín?

10 An raibh Oisín ceart go leor?

Seán Bán

Seán bán bolg scadán,
D'ith sé cnámh Dé hAoine.
Chaith sé an lá ag béiceadh go hard.
Is bhí sé ag gearán san oíche.

Abair an dán.
Scríobh an dán.
Tarraing pictiúr.

69

Líon na Bearnaí

1   mé: Tá úll ____.

2   sí: Tá banana ____.

3   Niamh: Tá sú talún ____.

4   siad: Tá piorraí ____.

5   Ruairí: Tá fíonchaora ____.

6   sinn: Tá sméara dubha ____.

7   na buachaillí: Tá oráistí ____.

8   sé: Tá piorra ____.

mé: uaim
tú: uait
sé: uaidh
sí: uaithi
sinn: uainn
sibh: uaibh
siad: uathu

Scríobh na hAbairtí

1   Tá ____ uathu.

2   Tá ____ uathu.

3   Tá ____ uathu.

4   Tá ____ uathu.

5   Tá ____ uathu.

6   Tá ____ uathu.

Bí ag Scríobh An Babhla Torthaí

Tá ____ sa bhabhla torthaí.

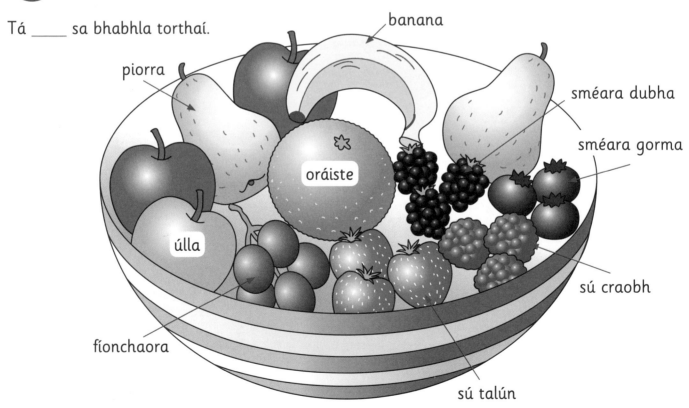

banana

piorra

sméara dubha

sméara gorma

oráiste

sú craobh

úlla

fíonchaora

sú talún

Oideas do Shailéad Torthaí Úra

Comhábhair

 úll

 oráiste

 fíonchaora

 banana

1 Nigh an t-úll.

2 Gearr an t-úll i gceithre chuid.

3 Bain an croí as an úll.

4 Gearr an t-úll i bpíosaí.

5 Bain an craiceann den oráiste.

6 Gearr an t-oráiste i bpíosaí.

7 Nigh na fíonchaora.

8 Gearr na fíonchaora in dhá leath.

9 Bain an craiceann den bhanana.

10 Gearr an banana i bpíosaí.

11 Cuir na torthaí go léir isteach sa bhabhla.

12 Cuir braon sú oráiste isteach sa bhabhla freisin.

13 Measc le chéile iad le spúnóg mhór.

14 Cuir iógart ar an sailéad torthaí úra.

 Scríobh oideas do shailéad torthaí úra. Roghnaigh do thorthaí féin.

Bí ag Léamh

Tá an t-úll dearg **mór**.
Tá an piorra buí **níos mó** ná an t-úll.

Bí ag Scríobh

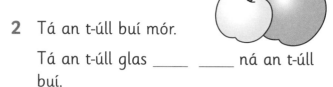

1 Tá an t-úll dearg mór.

   Tá an t-úll glas ____ ____ ná an t-úll dearg.

2 Tá an t-úll buí mór.

   Tá an t-úll glas ____ ____ ná an t-úll buí.

3 Tá an t-úll glas mór.

   Tá an t-úll dearg ____ ____ ná an t-úll glas.

4 Tá an t-úll mór.

   Tá an t-oráiste ____ ____ ná an t-úll.

5 Tá an piorra mór.

   Tá an t-oráiste ____ ____ ná an piorra.

6 Tá an sú talún mór.

   Tá an t-úll ____ ____ ná an sú talún.

Bí ag Léamh

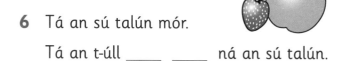

Tá an t-oráiste **beag**.
Tá an piorra **níos lú** ná an t-oráiste.

Bí ag Scríobh

1 Tá an t-oráiste beag.

   Tá an t-úll ____ ____ ná an t-oráiste.

2 Tá an sú talún beag.

   Tá an fhíonchaor ____ ____ ná an sú talún.

3 Tá an t-oráiste beag.

   Tá an sú talún ____ ____ ná an t-oráiste.

4 Tá an sú talún beag.

   Tá an sú craobh ____ ____ ná an sú talún.

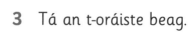

Bí ag Léamh (Glasraí)

tornapa	cairéad	cabáiste	leitís	meacan bán

tráta	oinniún	piobar dearg	piobar buí	piobar glas

 Bí ag Scríobh

Scríobh 5 ghlasra sa bhosca.

Scríobh 5 thoradh sa bhosca.

Glasraí

1 _____
2 _____
3 _____
4 _____
5 _____

Torthaí

1 _____
2 _____
3 _____
4 _____
5 _____

An glasra é?
Is ea. Is glasra é.

An glasra é?
Ní hea. Ní glasra é.

 Bí ag Scríobh

 1 An glasra é?
Is ea. Is glasra é.

 2 An glasra é?
_____

 3 An glasra é?
_____

 4 An glasra é?
_____

 5 An glasra é?
_____

 6 An glasra é?
_____

 7 An glasra é?
_____

 8 An glasra é?
_____

 9 An glasra é?
_____

Ailiú Éanaí

Ailiú Éanaí, Ailiú Éaraí.
Shiúil mé an drúcht is an ghrian ag éirí.
Ailiú Éanaí, Ailiú Éaraí.

Ailiú Éanaí, Ailiú Éaraí.
Sheol mé mo bhó sa ghleanntán sléibhe.
Ailiú Éanaí, Ailiú Éaraí.

Ailiú Éanaí, Ailiú Éaraí.
Fuair mé romham mo tháilliúir aerach.
Ailiú Éanaí, Ailiú Éaraí.

Ailiú Éanaí, Ailiú Éaraí.
Ag fuáil cóta mór den bhréidín.
Ailiú Éanaí, Ailiú Éaraí.

Ailiú Éanaí, Ailiú Éaraí.
Nach álainn é mo tháilliúir aerach.
Ailiú Éanaí, Ailiú Éaraí.

Teach
an
Táilliúra

Nóinín

Can an t-amhrán.
Scríobh an t-amhrán.
Tarraing pictiúr.

74

Bí ag Léamh (**Breithlá Liam**)

Breithlá Liam a bhí ann.
Bhí sé deich mbliana d'aois.

Tháinig a chairde go dtí a theach.
Thug siad bronntanais dó.
Bhí Liam an-sásta.

Thosaigh siad ag ithe agus ag ól.
D'ith siad píotsa agus sceallóga prátaí.

D'imir siad cluichí.
Thaitin an chóisir go mór leo.

 Freagair na Ceisteanna

1 Cén aois é Liam?
2 Cé a tháinig go dtí a theach?
3 Cad a thug siad dó?
4 An raibh Liam sásta?
5 Cad a d'ith na páistí?
6 Ar imir siad cluichí?
7 Ar thaitin an chóisir leis na páistí?

 Scríobh na hAbairtí

Spraoi le Briathra

1 Dhúisigh Liam go luath inné.
____ Liam go luath gach lá.
____ Liam go luath amárach.

2 Chabhraigh Liam le Mamaí inné.
____ Liam le Mamaí gach lá.
____ Liam le Mamaí amárach.

| Grúpa a Dó | | |
Inné h	Gach Lá aíonn íonn	Amárach óidh eoidh
Thosaigh sé	____ sé	____ sé
Chabhraigh sé	____ sé	____ sé
Dhúisigh sé	____ sé	____ sé

Bí ag Caint

1 An raibh ceol ar siúl?
2 An raibh cóisir ar siúl?
3 Cé a bhí ag an gcóisir?
4 Ar thóg Róisín an briosca as bosca na mbrioscaí?
5 Ar thóg Ruairí an briosca as bosca na mbrioscaí?
6 Ar thóg Oisín an briosca as bosca na mbrioscaí?
7 Ar thóg Liam an briosca as bosca na mbrioscaí?
8 Ar thóg Samar an briosca as bosca na mbrioscaí?

Bí ag Léamh

aon cheathrú	dhá cheathrú	leath	trí cheathrú	ceithre cheathrú

Obair Bheirte

$^1/_4 =$ _____ $^2/_4 =$ _____ $^3/_4 =$ _____ $^1/_2 =$ _____ $^4/_4 =$ _____

Freagair na Ceisteanna

1 Cé mhéad den phíotsa a d'ith Oisín?
D'ith Oisín aon cheathrú den phíotsa.

2 Cé mhéad den phíotsa a d'ith Oisín?
D'ith Oisín _____.

3 Cé mhéad den phíotsa a d'ith Oisín?
D'ith Oisín _____.

4 Cé mhéad den phíotsa a d'ith Oisín?
D'ith Oisín _____.

An Nuacht

An Nuacht

Breithlá Liam a bhí ann.
Chuaigh mé féin agus mo chairde go dtí an chóisir.
Bhí an chóisir ar siúl i dteach Liam.
Bhí mé ar bís.
Thug mé bronntanas dó.
Bhí sé an-sásta.
D'ith mé píotsa agus sceallóga prátaí.

D'ól mé sú oráiste.
D'imir mé cluichí le mo chairde.
Bhí spórt agus scléip agam.
Thaitin an chóisir go mór liom.

An Aimsir

An Aimsir

Beidh an lá fliuch amárach.
Beidh sé ag cur báistí.
Leathfaidh báisteach trasna na tíre.
Beidh sé ag cur fearthainne.
Beidh sé ag stealladh báistí.
Beidh na páistí fliuch báite.

 Bí ag Scríobh Mo Nuacht

1 An raibh tú ag cóisir?
2 Cá raibh an chóisir ar siúl?
3 Ar thug tú bronntanas do do chara?
4 Cad a d'ith tú?
5 Cad a d'ól tú?
6 Ar imir tú cluichí?

Fionn agus a Mhac Oisín

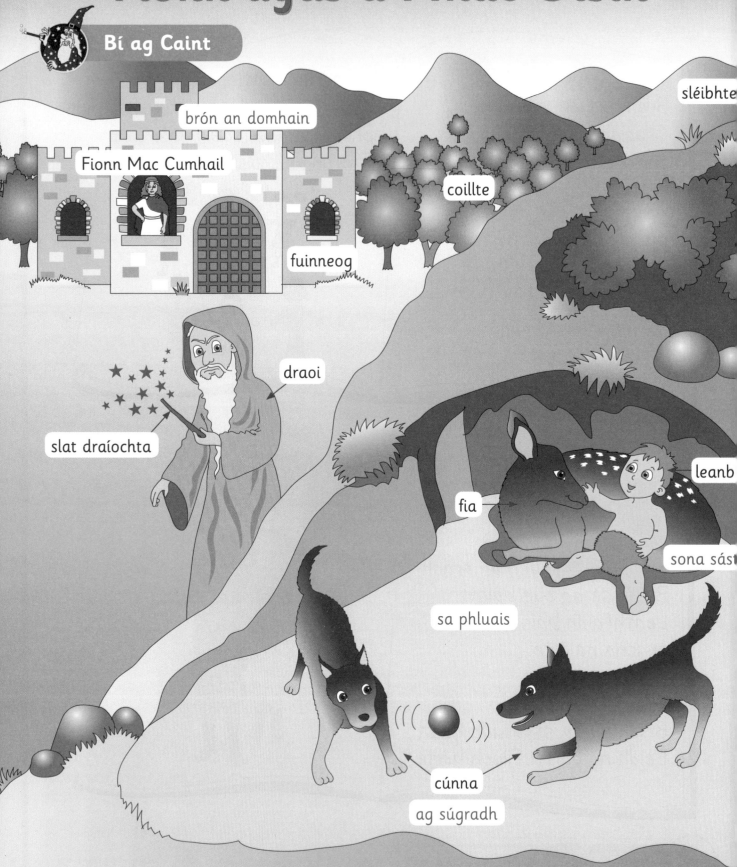

Bí ag Caint

brón an domhain

Fionn Mac Cumhail

fuinneog

sléibhte

coillte

draoi

slat draíochta

fia

leanb

sona sás

sa phluais

cúnna

ag súgradh

Bí ag caint.
Scríobh an scéal.
Tarraing pictiúr.

Fionn agus a Mhac Oisín

 Scríobh an Scéal

Lá amháin, chuaigh Fionn amach ag fiach ____ ____.

Bhí Sadhbh sa ____.

Bhí sí ag súil le ____.

Tar éis tamaill, ____ Sadhbh amach ag siúl.

Bhuail sí le ____ gránna.

D'athraigh an draoi Sadhbh go ____.

Sadhbh bhocht.

Nuair a d'fhill Fionn abhaile, ní fhaca sé Sadhbh in aon ____.

Bhí ____ an domhain ar Fhionn.

fia

sa choill

páiste

brón

draoi

dún

Chuaigh

áit

 Bí ag Scríobh

1 Chuardaigh sé __ ____.

2 Chuardaigh sé __ ____.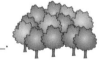

3 Chuardaigh sé __ ____.

4 Chuardaigh sé __ ____.

na sléibhte

na páirceanna

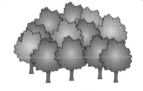
na coillte

na pluaiseanna

Foclóir Measúnú

1  _ _ _ _ _ _

2 _ _ _ _ _ _

3 _ _ _ _ _ _

4 _ _ _ _ _ _

5 _ _ _ _ _ _

6 _ _ _ _ _ _

Líon na Bearnaí

1 mé: Tá oráiste ____.

2 sí: Tá sú craobh ____.

3 tú: Tá sú talún ____.

4 siad: Tá piorraí ____.

5 sibh: Tá bananaí ____.

6 sinn: Tá úlla ____.

7 na páistí: Tá oráistí ____.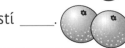

mé: uaim
tú: uait
sé: uaidh
sí: uaithi
sinn: uainn
sibh: uaibh
siad: uathu

Spraoi le Briathra

Grúpa a Dó		
Inné h	Gach Lá aíonn íonn	Amárach óidh eoidh
Thosaigh sé		
Chabhraigh sé		
Chríochnaigh sé		
Dhúisigh sé		
Bhailigh sé		
Ghortaigh sé		

An Geimhreadh

Bí ag Caint Cén saghas aimsire a bhí ann?

Mí na Nollag

| 11 fliuch | 12 an ghaoth ag séideadh | 13 toirneach | 14 tintreach | 15 scamaill mhóra dhubha |
| 16 ag cur báistí | 17 ag stealladh báistí | 18 ag cur fearthainne | 19 ag cur seaca | 20 ag cur sneachta |

 Freagair na Ceisteanna

1 Cén saghas aimsire a bhí ann ar an naoú lá déag de Mhí na Nollag?
Bhí sé ag cur seaca.

2 Cén saghas aimsire a bhí ann ar an bhfichiú lá de Mhí na Nollag?

3 Cén saghas aimsire a bhí ann ar an ochtú lá déag de Mhí na Nollag?

4 Cén saghas aimsire a bhí ann ar an seachtú lá déag de Mhí na Nollag?

5 Cén saghas aimsire a bhí ann ar an séú lá déag de Mhí na Nollag?

6 Cén saghas aimsire a bhí ann ar an gceathrú lá déag de Mhí na Nollag?
Bhí ____ ann.

7 Cén saghas aimsire a bhí ann ar an gcúigiú lá déag de Mhí na Nollag?

8 Cén saghas aimsire a bhí ann ar an tríú lá déag de Mhí na Nollag?

9 Cén saghas aimsire a bhí ann ar an aonú lá déag de Mhí na Nollag?

10 Cén saghas aimsire a bhí ann ar an dara lá déag de Mhí na Nollag?

Scríobh an Scéal Ag Súgradh sa Sneachta

Nuair a dhúisigh ____ ____ ar maidin, bhí sé ag cur sneachta.

Bhí brat ____ sneachta ar an talamh.

Bhí gliondar ____ ar na páistí.

Bhí siad ar ____.

Chuaigh na páistí amach ag ____ sa sneachta.

Bhí sneachta i ngach ____.

Rinne siad liathróidí ____.

Bhuail siad a chéile ____ na liathróidí sneachta.

Bhí spórt agus ____ ag na páistí ag súgradh sa sneachta.

Rinne na páistí ____ sneachta.

Chuir ____ súile, srón agus béal air.

Chuir Oisín ____ ina bhéal.

Bhí an ____ sneachta go hálainn ar fad.

Thaitin an spórt sa sneachta go mór leis ____ ____.

bán	na páistí	sneachta
leis	píopa	scléip
croí	súgradh	áit
bís	siad	fear

Fear Sneachta

hata

cairéad

píopa

scairf

cliabh

cnaipí

Fear sneachta mise
Fear breá groí
Tá gach aon rud agam,
Ach amháin – an croí.

Ní shilim riamh aon deor –
Níl ach sneachta i mo chliabh.
Éist leis seo, a pháistí:
Ní dhearna mé gáire riamh!

spideog

Abair an dán.
Scríobh an dán.
Tarraing fear sneachta.

Bí ag Léamh

Tá trí mhí sa gheimhreadh, Mí na Samhna, Mí na Nollag agus Eanáir.

 Oíche Lá

Éiríonn sé dorcha go luath sa tráthnóna.
Bíonn na laethanta níos giorra sa gheimhreadh.
Bíonn na hoícheanta níos faide sa gheimhreadh.

Geimhríonn an ghráinneog agus an sciathán leathair.
Fanann siad ina gcodladh i rith an gheimhridh.

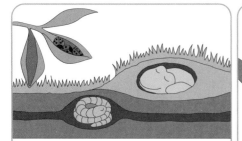

Codlaíonn an phéist, an frog agus an bhóín Dé i rith an gheimhridh.

Codlaíonn an t-iora rua i rith an gheimhridh freisin ach dúisíonn sé go minic chun cnónna a ithe.

Imíonn an chuach agus an fháinleog go dtí an Afraic don gheimhreadh.
Tagann siad ar ais san earrach.

 Bí ag Scríobh

1 Codlaíonn ____ i rith an gheimhridh.
2 Codlaíonn ____ i rith an gheimhridh.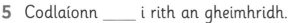

3 Codlaíonn ____ i rith an gheimhridh.
4 Codlaíonn ____ i rith an gheimhridh.

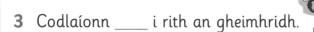

5 Codlaíonn ____ i rith an gheimhridh.
6 Codlaíonn ____ i rith an gheimhridh.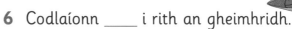

7 Codlaíonn ____ i rith an gheimhridh.
8 Codlaíonn ____ i rith an gheimhridh.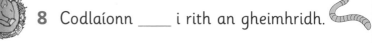

an t-iora rua	an t-iora liath	an phéist	an ghráinneog

an sciathán leathair	an frog	an béar	an bhóín Dé

Spraoi le Briathra

Grúpa 2		
Inné D'	Gach Lá íonn aíonn	Amárach eoidh óidh
D'éirigh sé	Éiríonn sé	Éireoidh sé
D'imigh sé	Imíonn sé	Imeoidh sé
D'imir sé	Imríonn sé	Imreoidh sé
D'inis sé	Insíonn sé	Inseoidh sé

Scríobh na hAbairtí

1   D'éirigh Niamh go luath inné.

    ____ Niamh go luath gach lá.

    ____ Niamh go luath amárach.

2   D'imigh Niamh ar scoil ar a hocht a chlog inné.

    ____ Niamh ar scoil ar a hocht a chlog gach lá.

    ____ Niamh ar scoil ar a hocht a chlog amárach.

3   D'imir sí cluiche inné.

    ____ sí cluiche gach lá.

    ____ sí cluiche amárach.

4   D'inis sí scéal do Róisín inné.

    ____ sí scéal do Róisín gach lá.

    ____ sí scéal do Róisín amárach.

Bí ag Léamh (**Ag Scátáil**)

An geimhreadh a bhí ann.
Chuaigh na páistí ag scátáil
go dtí an rinc scátála.

Bhí siad ar bís.
Bhí gliondar croí orthu.
Thaitin an scátáil go mór leo.

Bhí Oisín ar fheabhas
ar fad ag scátáil.

Bhí Oisín ag cabhrú le
Ciara.

Go tobann, thit Oisín.
Leag sé Niamh.

Níor thit Ciara.
Bhí na páistí sna trithí ag
gáire.

Líon na Bearnaí

1 tú: Tá gliondar croí ____.

2 mé: Tá gliondar croí ____.

3 Ciara: Tá gliondar croí ____.

4 Oisín: Tá gliondar croí ____.

5 Niamh: Tá gliondar croí ____.

6 sinn: Tá gliondar croí ____.

7 sibh: Tá gliondar croí ____.

8 Niamh agus Liam: Tá gliondar croí ____.

9 Ruairí agus Oisín: Tá gliondar croí ____.

10 Ciara agus Róisín: Tá gliondar croí ____.

mé: orm
tú: ort
sé: air
sí: uirthi
sinn: orainn
sibh: oraibh
siad: orthu

 **Bí ag Caint**

Proserpine

An Iodáil

na héin

an ghrian

duilleoga

an rí

crann

dhá chapall

carbad

tír faoin talamh

ag cur uisce ar na bláthanna

na hainmhithe

bláthanna

 Scríobh abairtí.
Tarraing pictiúr.

Roghnaigh an Focal Ceart

1
- [ ] na bláthanna
- [✓] na héin
- [ ] na hainmhithe

2
- [ ] na bláthanna
- [ ] na héin
- [ ] na hainmhithe

3
- [ ] na bláthanna
- [ ] na héin
- [ ] na hainmhithe

4
- [ ] an rí
- [ ] an carbad
- [ ] An Iodáil

Bí ag Scríobh (Proserpine)

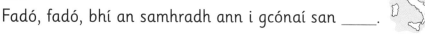

Fadó, fadó, bhí an samhradh ann i gcónaí san ____.

Bhí ___ _____ ag taitneamh go hard sa spéir i gcónaí.

Chan ___ _____ go binn ó mhaidin go hoíche.

Bhí ____ glasa ag fás ar na crainn.

Bhí ___ _____ agus na héin an-sásta.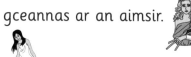

Bhí an ____ Ceres i gceannas ar an aimsir.

Bhí ____ ag Ceres.

Proserpine ab ____ di.

na héin

an ghrian

na hainmhithe

dia

duilleoga

iníon

Proserpine
ainm

Iodáil

An Nollaig

 Foclóir

 réalta	 cloigín	 aingeal	bronntanas	 fear sinséir
teach arán sinséir	réinfhia agus carr sleamhnáin	sióg	coinneal na Nollag	soilse ildaite
 maisiúcháin	 Daidí na Nollag	fear sneachta	crann Nollag	

 Tarraing

1 Tarraing crann Nollag.

2 Tarraing fuinneog in aice leis an gcrann Nollag.

3 Tarraing bord beag in aice leis an gcrann Nollag.

4 Tarraing cúig rud ar an gcrann Nollag.

5 Tarraing rud amháin ar bharr an chrainn.

6 Tarraing rud amháin faoin gcrann Nollag.

7 Tarraing rud amháin in aice leis an gcrann Nollag.

8 Tarraing rud amháin ar leac na fuinneoige.

9 Tarraing rud amháin ar an mbord.

10 Dathaigh an pictiúr.

Coinneal na Nollag

Lasfaidh mé coinneal na Nollag.
Is cuirfidh mé í san fhuinneog.
Ag fáiltiú roimh Mhuire is an leanbh.
A rugadh sa stábla fadó.

Muire   Iósaf

sneachta

san fhuinneog

coinneal na Nollag

cuileann

Abair an dán.
Scríobh an dán.
Tarraing pictiúr.

Bí ag Caint Nollaig Shona

cuileann

scáthán

coinnle

os cionn na tine

fleasc na Nollag

ar an matal

Nollaig Shona

cártaí Nollag

Niamh

Oisín

Ciara

ar an mbord

tine

ar an doras

fear sneachta

stocaí Nollag

sa tinteán

gual

os comhair na tine

mata

Obair Bheirte

1 Cad atá ar lasadh sa tinteán?   2 Cá bhfuil an gual?

3 Cad atá ar an matal?   4 Cad atá ar crochadh ón matal?

5 Cá bhfuil an scáthán?   6 Cá bhfuil an cuileann?

7 Cá bhfuil an mata?   8 Cá bhfuil fleasc na Nollag?

9 Cá bhfuil an fear sneachta?   10 Cá bhfuil na coinnle?

Céad Míle Fáilte Romhat, a Íosa

Céad míle fáilte romhat, a Íosa, a Íosa.
Céad míle fáilte romhat, a Íosa.
Céad míle fáilte romhat, a shlánaitheoir.
Céad míle, míle fáilte romhat, a Íosa, a Íosa.

Glóir agus moladh duit, a Íosa, a Íosa.
Glóir agus moladh duit, a Íosa.
Glóir agus moladh duit, a shlánaitheoir.
Glóir, moladh agus buíochas duit, a Íosa, a Íosa.

réalta

os cionn an stábla

Iósaf

Muire

bó

asal

Íosa

slánaitheoir

brat bán sneachta

Can an t-amhrán.
Scríobh an t-amhrán.
Tarraing pictiúr.

Bí ag Caint

liamhás

cáca Nollag

turcaí

prátaí

bachlóga Bruiséile

putóg Nollag

cairéid

fear sinséir

Bí ag Scríobh — Dinnéar na Nollag

Tú Féin: **Cad a íosfaidh tú don dinnéar lá Nollag?**

1 Íosfaidh mé ____.   2 Íosfaidh mé ____.

3 Íosfaidh mé ____.      4 Íosfaidh mé ____.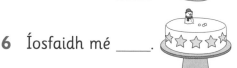

5 Íosfaidh mé ____.   6 Íosfaidh mé ____.

7 Íosfaidh mé ____.   8 Íosfaidh mé ____.

Bí ag Caint

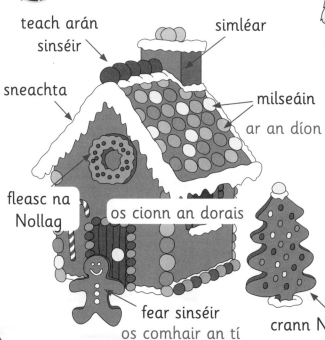

teach arán sinséir

simléar

sneachta

milseáin

ar an díon

fleasc na Nollag

os cionn an dorais

fear sinséir os comhair an tí

crann Nollag

Tarraing

1 Tarraing teach arán sinséir.

2 Tarraing doras agus fuinneog.

3 Tarraing simléar, sneachta agus milseáin ar an díon.

4 Tarraing fleasc na Nollag os cionn an dorais.

5 Tarraing cána candaí in aice leis an doras.

6 Tarraing crann Nollag in aice leis an teach.

7 Tarraing fear sinséir os comhair an tí.

Bí ag Scríobh   Oíche Nollag

An Mol Thuaidh

Seo iad Daidí na Nollag agus
_____ __ _____.
Cónaíonn siad sa mhol thuaidh.

Caitheann Daidí na Nollag cóta, hata agus
_____ dearg.
Caitheann sé crios _____.
Caitheann sé _____ dubha freisin.
Bíonn _____ bhán air.

Caitheann Mamaí na Nollag hata
agus _____ fada dearg.

Scríobhann páistí _____ chuig Daidí na Nollag.
Déanann Daidí na Nollag agus Mamaí na Nollag
a lán bréagán do na _____ i rith na bliana.

Gach bliain ar an gceathrú lá is fiche
de Mhí na Nollag, téann Daidí na
Nollag isteach _____ ___ _____.
Fágann Daidí na Nollag agus na
réinfhianna _____ ag Mamaí na Nollag.

Nollaig shona agus oíche mhaith!

Téann Daidí na Nollag timpeall an
domhain agus tugann sé bronntanais
do na páistí go léir.

dubh	 sa charr sleamhnáin	litreacha	slán	 síóga	 Mamaí na Nollag
féasóg	gúna	crios	buataisí	bríste	páistí

Bí ag Léamh An Chéad Oíche Nollag

An chéad oíche Nollag a bhí ann.
Bhí sé ag cur sneachta go trom.
Bhí brat bán sneachta ar an talamh.
Bhí Muire agus Iósaf ag dul go Beithil ar asal.

Nuair a shroich siad Beithil, bhí slua mór ann.
Bhí gach teach ósta lán.
Ní raibh aon áit do Mhuire ná d'Iósaf.
Bhí siad an-tuirseach agus bhí siad préachta leis an bhfuacht.

Chonaic Muire agus Iósaf stábla.
Bhí ainmhithe istigh sa stábla.
Chuaigh siad isteach sa stábla.
Chuir na hainmhithe céad míle fáilte roimh Mhuire agus Iósaf.

Rugadh an leanbh Íosa i lár na hoíche.

Rugadh Íosa i stábla i mBeithil.

An oíche sin, bhí na haoirí ag tabhairt aire do na caoirigh ar an sliabh.
Go tobann, chonaic na haoirí aingil sa spéir.
Bhí siad ag canadh go binn.

Chuaigh na haoirí go dtí an stábla.
Thug siad bronntanais don leanbh Íosa.
Thug siad uain dó.

An oíche sin, chonaic na trí rí réalta gheal sa spéir.
Lean siad an réalta.

Stop an réalta os cionn an stábla.
Chuaigh na trí rí isteach sa stábla.

Thug siad ór, miorr agus túis don leanbh Íosa.
Bhí an leanbh Íosa sona sásta.

 Freagair na Ceisteanna

1 Cén saghas aimsire a bhí ann?

2 Cá raibh Muire agus Iósaf ag dul?

3 Conas a chuaigh siad go Beithil?

4 An raibh a lán daoine i mBeithil?

5 Ar fhan Muire agus Iósaf i dteach lóistín?

6 Cár fhan Muire agus Iósaf?

Oíche Chiúin

Oíche chiúin,
Oíche mhic Dé.
Cách 'na suan, dís araon.
Dís is dílse, faire le spéis.
Naíon beag gnaoigheal, ceannanntais caomh.
Críost ina chodladh go séimh.
Críost ina chodladh go séimh.

Oíche chiúin,
Oíche mhic Dé.
Aoirí ar dtús, chuala an scéal
Alleluia, aingil ag glaoch.
Cantain suairc i ngar is i gcéin.
Críost ár slánaitheoir féin.
Críost ár slánaitheoir féin.

na haingil

na haoirí

na caoirigh

na trí rí

ar an sliabh

sa stábla

na hainmhithe

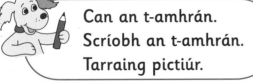

Can an t-amhrán.
Scríobh an t-amhrán.
Tarraing pictiúr.

An Nuacht

Thaitin an Nollaig go mór liom.
Fuair mé cártaí Nollag ó mo chairde.
Thug Ruairí, Niamh, Samar agus Liam cártaí dom.
Chabhraigh mé le Mamaí an teach a mhaisiú.
Mhaisigh mé an seomra suí.
Fuair mé bronntanais ó Dhaidí na Nollag.
Bhí mé an-sásta.
Tháinig cuairteoirí go dtí mo theach.
Tháinig Mamó agus Daideo go dtí mo theach.
Bhí dinnéar na Nollag an-bhlasta.
D'ith mé turcaí rósta, liamhás, prátaí, cairéid agus bachlóga Bruiséile.
Tharraing mé pléascóga.
D'ith mé putóg Nollag agus cáca Nollag fresin.
D'ith mé mo dhóthain.
Bhí mé lán go béal.
D'fhéach mé ar scannán ar an teilifís.
Bhí an scannán ar fheabhas ar fad.
D'imir mé cluichí le mo chlann.
Bhí spórt agus scléip agam i rith laethanta saoire na Nollag.

Tuar na hAimsire

Bhí brat bán sneachta ar an talamh lá Nollag.
Bhí Nollaig bhán againn.
Bhí spórt agus scléip ag na páistí
sa sneachta.
Bhí sneachta i ngach áit.
Bhí an tír go hálainn ar fad.

 Bí ag Scríobh Mo Nuacht

1 Ar thaitin an Nollaig leat?
2 An bhfuair tú cártaí Nollag?
3 Cé a thug cártaí Nollag duit?
4 Ar tháinig cuairteoirí go dtí do theach?
5 Cé a tháinig go dtí do theach?
6 Cad a d'ith tú?
7 Ar fhéach tú ar an teilifís?
8 Ar imir tú cluichí?

Jimín agus an Gandal

Bí ag Caint

cuileann

scáthán

coinneal na Nollag

matal

cártaí Nollag

leac na fuinneoige

cófra

citeal

cáca Nollag

tine

rísíní

tinteán

gandal

buidéal uisce beatha

cupán

léarscáil na hÉireann

putóg Nollag

bord

arán

pláta

Scríobh abairtí.
Tarraing pictiúr.

An Aimsir

Bí ag Caint Cén sórt aimsire a bheidh ann?

21 lá ceomhar	**22** lá gaofar	**23** lá grianmhar	**24** lá scamallach	**25** toirneach
26 tintreach	**27** lá fliuch	**28** ag cur báistí	**29** ag cur sneachta	**30** ag cur seaca

 Freagair na Ceisteanna

1 Cén sórt aimsire a bheidh ann ar an dara lá is fiche d'Eanáir?
Beidh an lá gaofar.

2 Cén sórt aimsire a bheidh ann ar an naoú lá is fiche d'Eanáir?

3 Cén sórt aimsire a bheidh ann ar an tríochadú lá d'Eanáir?

4 Cén sórt aimsire a bheidh ann ar an ochtú lá is fiche d'Eanáir?

5 Cén sórt aimsire a bheidh ann ar an gceathrú lá is fiche d'Eanáir?

6 Cén sórt aimsire a bheidh ann ar an seachtú lá is fiche d'Eanáir?

7 Cén sórt aimsire a bheidh ann ar an aonú lá is fiche d'Eanáir?

8 Cén sórt aimsire a bheidh ann ar an tríú lá is fiche d'Eanáir?

9 Cén sórt aimsire a bheidh ann ar an gcúigiú lá is fiche d'Eanáir?
_Beidh ___ ann._

10 Cén sórt aimsire a bheidh ann ar an séú lá is fiche d'Eanáir?

Éire

Tá an deisceart go hálainn.

Tá an tuaisceart go breá.

Tá an t-oirthear go séimh.

Is tá an t-iarthar thar barr.

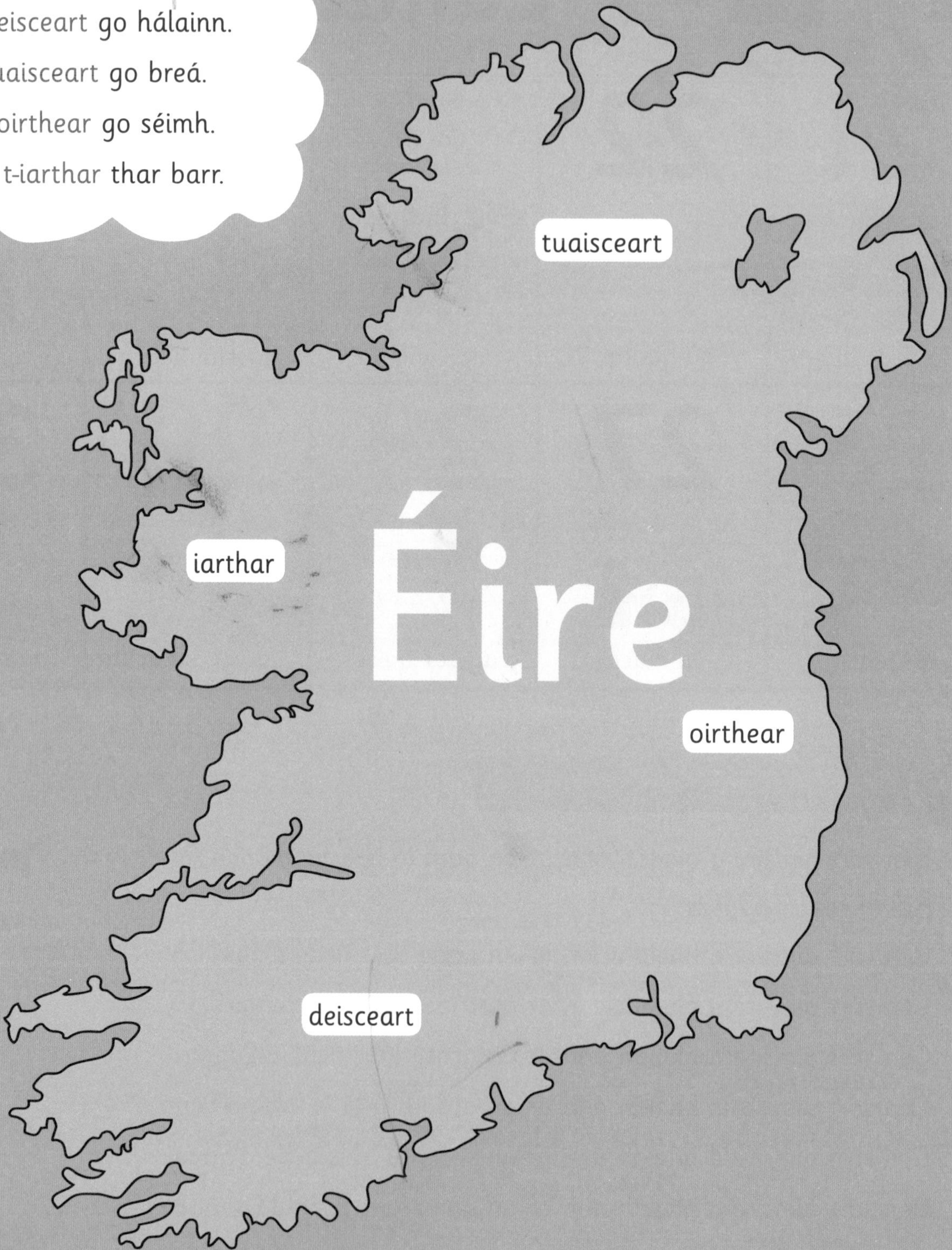

tuaisceart

iarthar

Éire

oirthear

deisceart

Abair an dán.
Scríobh an dán.
Tarraing an léarscáil.

Bí ag Léamh Tuar na hAimsire

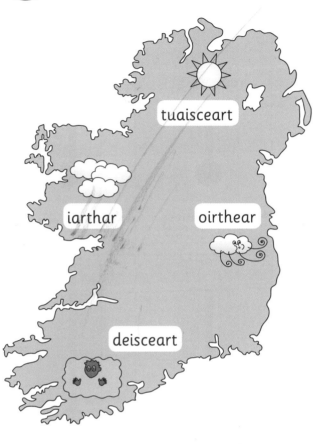

1 Beidh sé grianmhar sa tuaisceart amárach.

2 Beidh sé ceomhar sa deisceart amárach.

3 Beidh sé scamallach san iarthar amárach.

4 Beidh sé gaofar san oirthear amárach.

ceomhar

grianmhar

scamallach

gaofar

Obair Bheirte

1 Cén sórt aimsire a bheidh sa tuaisceart amárach?

2 Cén sórt aimsire a bheidh sa deisceart amárach?

3 Cén sórt aimsire a bheidh san iarthar amárach?

4 Cén sórt aimsire a bheidh san oirthear amárach?

Bí ag Caint

Tabhair tuar na haimsire don lá inniu.

Bí ag Léamh (An Teocht)

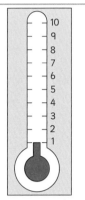

Tá sé aon chéim amháin Celsius.

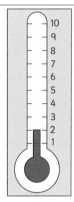

Tá sé dhá chéim Celsius.

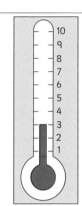

Tá sé trí chéim Celsius.

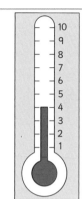

Tá sé ceithre chéim Celsius.

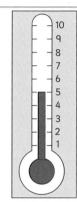

Tá sé cúig chéim Celsius.

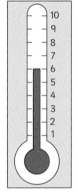

Tá sé sé chéim Celsius.

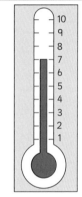

Tá sé seacht gcéim Celsius.

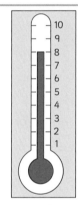

Tá sé ocht gcéim Celsius.

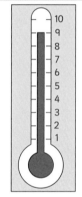

Tá sé naoi gcéim Celsius.

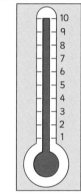

Tá sé deich gcéim Celsius.

 Obair Bheirte

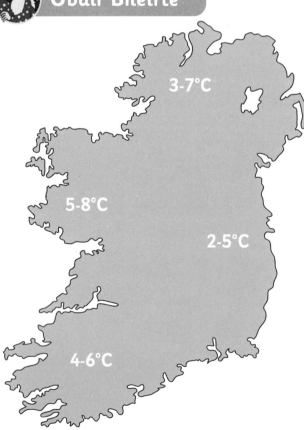

3-7°C

5-8°C

2-5°C

4-6°C

1. Cén teocht a bheidh sa tuaisceart amárach?

   Beidh an teocht idir ____ ____ agus ____ ____ Celsius sa tuaisceart amárach.

2. Cén teocht a bheidh sa deisceart amárach?

3. Cén teocht a bheidh san iarthar amárach?

4. Cén teocht a bheidh san oirthear amárach?

Bí ag Léamh (Oíche Ghaofar)

Oíche ghaofar a bhí ann. Bhí na páistí ina gcodladh sámh.

Dhúisigh Ciara i lár na hoíche. Chuala sí torann.

D'éirigh sí go tapa. Bhí eagla uirthi.

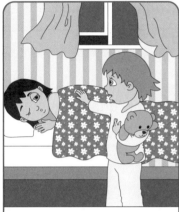

Ghlaoigh sí ar Niamh.

Chuala mé torann thíos staighre. Tá gadaí thíos staighre.

Níl gadaí thíos staighre. Sin í an ghaoth. Tá gaoth láidir ag séideadh.

Ná bí buartha. Beidh tú ceart go leor.

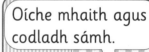

Téigh isteach sa leaba agus téigh a chodladh.

Oíche mhaith agus codladh sámh.

Oíche mhaith.

 Freagair na Ceisteanna

1 Cathain a dhúisigh Ciara?
2 Cén saghas oíche a bhí ann?
3 Cad a chuala Ciara?
4 Ar éirigh Ciara i lár na hoíche?
5 Ar dhúisigh Ciara Niamh?
6 Cén fáth a raibh eagla ar Chiara?
7 An raibh gadaí thíos staighre?
8 An raibh eagla ar Niamh?

Chuala mé an Ghaoth

Chuala mé an ghaoth,
Ag bualadh na bhfuinneog,
Ag cnagadh ar na doirse,
Ag séideadh na nduilleog.

Chuala mé an ghaoth,
Ag luascadh an chrainn,
Ag leagan na slinnte,
Anuas ón díon.

Chuala mé an ghaoth,
An oíche go léir,
Ag séideadh na fearthainne,
Tríd an aer.

an ghaoth

na cuirtíní

pitseámaí

Abair an dán.
Scríobh an dán.
Tarraing pictiúr.

104

Caitheamh Aimsire

 Bí ag Léamh

Is maith liom bheith ag snámh.

Is maith leat bheith ag tumadh.

Is maith leis bheith ag sleamhnú.

Is maith léi bheith ag dornálaíocht.

Is maith linn bheith ag canadh.

Is maith libh bheith ag luascadh.

Is maith leo bheith ag marcaíocht.

 Líon na Bearnaí

1 mé: Is maith _____ bheith ag snámh.

2 Liam: Is maith _____ bheith ag sleamhnú.

3 tú: Is maith _____ bheith ag tumadh.

4 sí: Is maith _____ bheith ag dornálaíocht.

5 na páistí: Is maith _____ bheith ag marcaíocht.

6 sibh: Is maith _____ bheith ag luascadh.

7 sinn: Is maith _____ bheith ag canadh.

8 na cailíní: Is maith _____ bheith ag léamh.

9 na buachaillí: Is maith _____ bheith ag scríobh.

10 Mamaí agus Daidí: Is maith _____ bheith ag rith.

mé:	liom
tú:	leat
sé:	leis
sí:	léi
sinn:	linn
sibh:	libh
siad:	leo

Bí ag Léamh [Is Féidir liom]

Is féidir liom peil a imirt.

Is féidir liom cispheil a imirt.

Is féidir liom eitpheil a imirt.

Is féidir liom cártaí a imirt.

Is féidir liom rugbaí a imirt.

Is féidir liom galf a imirt.

Is féidir liom leadóg a imirt.

Is féidir liom sacar a imirt.

 Obair Bheirte [An Féidir leat?]

1 An féidir leat peil a imirt?
   Is féidir liom peil a imirt.
2 An féidir leat cispheil a imirt?
3 An féidir leat eitpheil a imirt?
4 An féidir leat leadóg a imirt?
5 An féidir leat rugbaí a imirt?
6 An féidir leat sacar a imirt?
7 An féidir leat galf a imirt?
8 An féidir leat cártaí a imirt?

Seáinín Bocht

Tá pian i mo lámha,
a mhúinteoir, a mhúinteoir.
Tá pian i mo lámha;
Ní féidir liom scríobh.

Ní féidir leat scríobh,
a Sheáinín, a Sheáinín.
Ní féidir leat scríobh.
An féidir leat léamh?

Tá pian i mo shúile,
a mhúinteoir, a mhúinteoir.
Tá pian i mo shúile;
Ní féidir liom léamh.

Ní féidir leat léamh,
a Sheáinín, a Sheáinín.
Ní féidir leat léamh.
An féidir leat éisteacht?

Tá pian i mo chluasa,
a mhúinteoir, a mhúinteoir.
Tá pian i mo chluasa;
Ní féidir liom éisteacht.

Ní féidir leat éisteacht,
a Sheáinín, a Sheáinín.
Ní féidir leat éisteacht.
An féidir leat ithe?

Is féidir liom ithe, a mhúinteoir, a mhúinteoir.
Ba bhreá liom milseáin, seacláid, líomanáid.
Ba bhreá liom milseáin, seacláid, líomanáid.

Can an t-amhrán.
Scríobh an t-amhrán.
Tarraing pictiúr.

Obair Bheirte

1 Cén caitheamh aimsire is fearr leis?

Is fearr leis bheith __ ____ ____.

2 Cén caitheamh aimsire is fearr leo?

Is fearr leo bheith __ ____ ____.

3 Cén caitheamh aimsire is fearr léi?

4 Cén caitheamh aimsire is fearr leo?

5 Cén caitheamh aimsire is fearr leo?

6 Cén caitheamh aimsire is fearr leo?

7 Cén caitheamh aimsire is fearr leis?

8 Cén caitheamh aimsire is fearr leis?

ag imirt peile

ag imirt cispheile

ag imirt eitpheile

ag imirt leadóige

ag imirt cártaí

ag imirt rugbaí

ag imirt gailf

ag imirt sacair

Bí ag Léamh **An Linn Snámha**

Bhí na páistí ag an linn snámha.
Bhí Liam ar an sleamhnán mór.
Shleamhnaigh sé isteach san uisce.

Bhí Oisín, Ruairí agus Róisín ag snámh san uisce. Bhí siad ag súgradh le liathróid mhór freisin.

Bhí garda tarrthála ag faire ar na páistí. Bhí feadóg aige.

Thum Niamh isteach san uisce.

Thum Bran isteach san uisce freisin. Steall sé uisce ar gach duine.

Thóg sé an liathróid.

Bhí spórt agus scléip ag na páistí san uisce.
Bhain siad taitneamh as bheith ag snámh sa linn snámha.

Inné	amar eamar	
Bhain mé	Chuir mé	Bhris mé
Bhain tú	Chuir tú	
Bhain sé		
Bhain sí		
Bhaineamar		
Bhain sibh		
Bhain siad		

 Suimeanna Focal

amar eamar

1 Bhain + _ _ _ _ _ = _ _ _ _ _ _ _ _ _

2 Bhris + _ _ _ _ _ = _ _ _ _ _ _ _ _ _ _

3 Ghlan + _ _ _ _ = _ _ _ _ _ _ _ _ _

4 Thóg + _ _ _ _ = _ _ _ _ _ _ _ _

5 Bhuail + _ _ _ _ _ = _ _ _ _ _ _ _ _ _ _

6 Rith + _ _ _ _ _ = _ _ _ _ _ _ _ _

Bí ag Caint

an pianó

Cáit

an chruit

Eoin

an druma

an fheadóg stáin

Pól

an trumpa

an bainseó

Úna

an veidhlín

an giotár leictreach

an bodhrán

an giotár

Bí ag Scríobh

1 'Seinnim _____,' arsa Róisín.

2 'Seinnim _____,' arsa Niamh.

3 'Seinnim _____,' arsa Oisín.

4 'Seinnim _____,' arsa Ruairí.

5 'Seinnim _____,' arsa Samar.

6 'Seinnim _____,' arsa Cáit.

7 'Seinnim _____,' arsa Eoin.

8 'Seinnim _____,' arsa Úna.

9 'Seinnim _____,' arsa Pól.

10 'Seinnim _____,' arsa Liam.

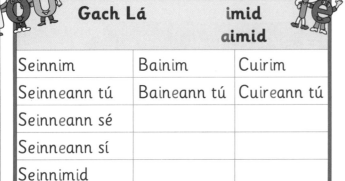

Gach Lá	imid aimid	
Seinnim	Bainim	Cuirim
Seinneann tú	Baineann tú	Cuireann tú
Seinneann sé		
Seinneann sí		
Seinnimid		
Seinneann sibh		
Seinneann siad		

Suimeanna Focal

imid aimid

1 Seinn + _ _ _ _ = _ _ _ _ _ _ _ _ _ _

2 Bain + _ _ _ _ = _ _ _ _ _ _ _ _

3 Bris + _ _ _ _ = _ _ _ _ _ _ _ _

4 Buail + _ _ _ _ = _ _ _ _ _ _ _ _ _

5 Rith + _ _ _ _ = _ _ _ _ _ _ _ _

6 Léim + _ _ _ _ = _ _ _ _ _ _ _ _

Is Mise Fear an Cheoil

Buail do bhosa go hard san aer agus
lean fear an cheoil. An bhfuil tú réidh?

Is mise fear an cheoil.
Cónaím in aice leat.
Is seinnim ceol.

Cad a sheinneann tú?
Seinnim an pianó.

Pia, Pia, Pianó.
Pianó, Pianó.
Pia, Pia, Pianó.
Pia, Pianó.

Is mise fear an cheoil.
Cónaím in aice leat.
Is seinnim ceol.

Cad a sheinneann tú?
Seinnim an trumpa.

Umpa, umpa, umpa-pa.
Umpa-pa, umpa-pa.
Umpa, umpa, umpa-pa.
Umpa, umpa-pa.

Is mise fear an cheoil.
Cónaím in aice leat.
Is seinnim ceol.

Cad a sheinneann tú?
Seinnim an fheadóg.

Feadóg, feadóg.
Feadóg stáin.
Feadóg stáin.
Feadóg stáin.
Feadóg, feadóg,
Feadóg stáin.
Feadóg, feadóg stáin.

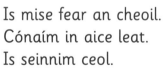

Is mise fear an cheoil.
Cónaím in aice leat.
Is seinnim ceol.

Cad a sheinneann tú?
Seinnim an druma.

Druma, druma, druma mór.
Druma mór, druma mór.
Druma, druma, druma mór.
Druma, druma mór.

Is mise fear an cheoil.
Cónaím in aice leat.
Is seinnim ceol.

Cad a sheinneann tú?
Seinnim an veidhlín.

Veidh, Veidh, Veidhlín.
Veidhlín, Veidhlín.
Veidh, Veidh, Veidhlín.
Veidh, Veidhlín.

Can an t-amhrán.
Scríobh an t-amhrán.
Tarraing pictiúr.

Bí ag Léamh **An Cheolchoirm**

Gach bliain, bíonn ceolchoirm mhór ar siúl sa halla.

'Seinnimid ceol,' arsa Oisín.

'Canaimid amhráin le chéile,' arsa Niamh.

'Déanaimid dráma,' arsa Liam.

Bíonn slua mór ag an gceolchoirm.
Bíonn an áit dubh le daoine.

'Bíonn spórt agus scléip againn.'
'Bainimid an-taitneamh as an gceolchoirm', arsa Róisín.

imid
aimid

 Spraoi le Briathra

 Suimeanna Focal

Grúpa 1

Gach Lá	imid aimid	
Canaim	Glanaim	Tógaim
Canann tú	Glanann tú	Tógann tú
Canann sé		
Canann sí		
Canaimid		
Canann sibh		
Canann siad		

1 Can + _ _ _ _ _ = _ _ _ _ _ _ _ _
2 Tóg + _ _ _ _ _ = _ _ _ _ _ _ _ _
3 Glan + _ _ _ _ _ = _ _ _ _ _ _ _ _ _
4 Seas + _ _ _ _ _ = _ _ _ _ _ _ _ _ _
5 Rith + _ _ _ _ = _ _ _ _ _ _ _ _
6 Léim + _ _ _ _ = _ _ _ _ _ _ _ _
7 Cuir + _ _ _ _ = _ _ _ _ _ _ _ _
8 Bris + _ _ _ _ = _ _ _ _ _ _ _ _

Bí ag Caint

Freagair na Ceisteanna

1 An seinneann Róisín an veidhlín?

Seinneann Róisín an veidhlín.

3 An seinneann Niamh an fheadóg stáin?

4 An seinneann Ruairí an bodhrán?

5 An seinneann Oisín an pianó?

6 An seinneann Liam an giotár?

7 An seinneann Samar an giotár leictreach?

8 An seinneann Pól an bainseó?

9 An seinneann Cáit an chruit?

10 An seinneann Úna an trumpa?

2 An seinneann Ruairí an bainseó?

Ní sheinneann Ruairí an bainseó.

An Deireadh Seachtaine

An Aoine	**An Satharn**	**An Domhnach**

ag imirt eitpheile	ag imirt cispheile	ag imirt leadóige

An Deireadh Seachtaine

Bhí mé ag imirt eitpheile ar an Aoine.
Bhí mé ag imirt cispheile ar an Satharn.
Bhí mé ag imirt leadóige ar an Domhnach.

 Bí ag Scríobh

An Aoine	**An Satharn**	**An Domhnach**
ag rothaíocht	ag dornálaíocht	ag marcaíocht

Cad a rinne Liam ag an deireadh seachtaine?

1   Bhí sé __ ____ ar an Aoine.   2   Bhí sé __ ____ ar an Satharn.

3   Bhí sé __ ____ ar an Domhnach.

An Aoine	**An Satharn**	**An Domhnach**

ag seinm ceoil	ag snámh	ag imirt peile

Cad a rinne Róisín ag an deireadh seachtaine?

1   Bhí sí __ ____ ar an Aoine.   2   Bhí sí __ ____ ar an Satharn.

3   Bhí sí __ ____ ar an Domhnach.

Tusa

Cad a rinne tú ag an deireadh seachtaine?

1   Bhí mé __ ____ ar an Aoine.   2   Bhí mé __ ____ ar an Satharn.

3   Bhí mé __ ____ ar an Domhnach.

Bí ag Léamh (Ag Iascaireacht)

Chuaigh Ruairí ag iascaireacht. Bhí Daideo agus Róisín in éineacht leis.

Bhí siad ina suí ar bhruach na habhann.

Bhí líon ag Róisín. Bhí ciseán ag Daideo.

Bhí slat iascaireachta ag Ruairí.

Cheap Ruairí go bhfuair sé iasc. Bhí sé ar bís.

Ní bhfuair Ruairí iasc. Ní bhfuair sé ach seanbhróg.

Bí ag Caint

1 An ndeachaigh Oisín ag iascaireacht?
2 An ndeachaigh Daideo ag iascaireacht in éineacht le Ruairí?
3 An raibh Ruairí ina shuí ar bhruach na habhann?
4 An raibh Mamó ina suí ar bhruach na habhann?
5 An raibh líon ag Daideo?
6 An raibh ciseán ag Róisín?
7 An bhfuair Ruairí iasc?
8 An bhfuair Ruairí seanbhróg?

Spraoi le Briathra

Inné		
An ndeachaigh?	Chuaigh	Ní dheachaigh
An raibh?	Bhí	Ní raibh
An bhfuair?	Fuair	Ní bhfuair

Ceisteanna		
?	✓	✗
An ndeachaigh?		
An raibh?		
An bhfuair?		

Ag Iascaireacht

Chuaigh mé ag iascaireacht,
Síos chuig an lochán,
Slat bhreá nua i mo lámh agam,
Is líon agus ciseán.
Thosaigh mé ag iascaireacht
Ag súil le breac beag óg.
Ach faic na fríde a tháinig chugam,
Ach péire seanbhróg.

scamall

crann

breac

slat iascaireachta

ag iascaireacht

madra

péire seanbhróg

ciseán

lochán

líon

Can an t-amhrán.
Scríobh an t-amhrán.
Tarraing pictiúr.

116

Bí ag Léamh (Imir Cluiche)

a haon

a dó

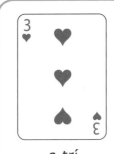
a trí

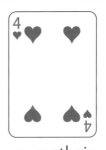
a ceathair

a cúig

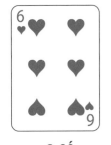
a sé

a seacht

a hocht

a naoi

a deich

rí

banríon

cuireata

fear na gcrúb

| An bhfuil? | Tá |
| | Níl |

Freagair na Ceisteanna

1 An bhfuil a trí ag Oisín?

2 An bhfuil a hocht ag Oisín?

3 An bhfuil banríon ag Oisín?

4 An bhfuil cuireata ag Oisín?

5 An bhfuil a trí ag Niamh?

6 An bhfuil a cúig ag Niamh?

7 An bhfuil cuireata ag Niamh?

8 An bhfuil rí ag Niamh?

Bí ag Léamh

Bratach Phort Láirge  gorm agus bán	**Bratach Chorcaigh**  dearg agus bán	**Bratach Chiarraí**  glas agus ór
Bratach an Chláir  buí agus gorm	**Bratach Luimnigh**  glas agus bán	**Bratach Thiobraid Árann**  gorm agus ór

Obair Bheirte

1 Cén dath atá ar bhratach Phort Láirge?
   Tá bratach Phort Láirge _____ agus _____.

2 Cén dath atá ar bhratach Chorcaigh?
   Tá bratach Corcaigh _____ agus _____.

3 Cén dath atá ar bhratach Chiarraí?
   Tá bratach Chiarraí _____ agus _____.

4 Cén dath atá ar bhratach an Chláir?
   Tá bratach an Chláir _____ agus _____.

5 Cén dath atá ar bhratach Luimnigh?
   _____.

6 Cén dath atá ar bhratach Thiobraid Árann?
   _____.

Spraoi le Briathra

Inné h ___ eamar amar	Gach Lá imid aimid	Inné h ___ eamar amar	Gach Lá imid aimid
Chuir mé	Cuirim	Bhain mé	Bainim
Chuir tú	Cuireann tú		
Chuir sé	Cuireann sé		
Chuir sí	Cuireann sí		
Chuireamar	Cuirimid		
Chuir sibh	Cuireann sibh		
Chuir siad	Cuireann siad		

An Nuacht

An Nuacht

Bhí deireadh seachtaine iontach agam.

Bhí mé ag imirt leadóige ar an Aoine.

Bhuaigh mé an cluiche.

Bhí mé ag snámh ar an Satharn.

Thum mé isteach san uisce.

Bhí spórt agus scléip agam.

Bhí mé ag cluiche rugbaí ar an Domhnach.

Bhí an áit dubh le daoine.

Bhain mé an-taitneamh as an gcluiche.

 ## Tuar na hAimsire

An Aimsir

Beidh sé grianmhar sa tuaisceart.

Beidh an teocht idir ocht gcéim agus deich gcéim Celsius.

Beidh sé ag cur báistí sa deisceart.

Beidh an teocht idir sé chéim agus ocht gcéim Celsius.

Beidh sé gaofar san iarthar.

Beidh an teocht idir seacht gcéim agus naoi gcéim Celsius.

Beidh sé scamallach san oirthear.

Beidh an teocht idir aon chéim déag agus trí chéim déag Celsius.

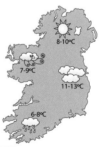

8-10ºC
7-9ºC
11-13ºC
6-8ºC

Scríobh an nuacht.

Scríobh tuar na haimsire.

Tarraing pictiúr.

Scríobh an Scéal Oisín i dTír na nÓg

Fadó, fadó, bhí Fionn agus a mhac Oisín __ ____ i gCiarraí.

Bhí na Fianna in ____ leo.

Lá breá gréine a ____ ann.

Go tobann, thosaigh an cú ____ ____.

Chonaic siad ____ bán ag teacht.

Bhí ____ álainn ag marcaíocht ar an gcapall bán.

Bhí gruaig fhada fhionn ____.

Bhí ____ fada dearg uirthi freisin.

cailín	gúna	ag tafann	capall

ag fiach	uirthi	éineacht	bhí

Roghnaigh an Focal Ceart

1	✓ capall ☐ cailín ☐ cloch	2	☐ báistí ☐ páistí ☐ páiste
3	☐ capall ☐ cailín ☐ cloch	4	☐ capall ☐ cailín ☐ cloch
5	☐ sciorta ☐ léine ☐ gúna	6	☐ fear óg ☐ seanfhear ☐ seanbhean
7	☐ capall ☐ cú ☐ clogad	8	☐ loch ☐ cloch ☐ luch

Líon na Bearnaí   Measúnú

1 mé: Is maith _____ bheith ag imirt gailf.

2 Róisín: Is maith _____ bheith ag imirt leadóige.

3 Samar: Is maith _____ bheith ag imirt cártaí.

4 tú: Is maith _____ bheith ag imirt sacair.

5 siad: Is maith ____ bheith ag imirt rugbaí.

6 sinn: Is maith ____ bheith ag imirt cispheile.

7 sibh: Is maith ____ bheith ag imirt eitpheile.

8 na páistí: Is maith ____ bheith ag snámh.

9 na cailíní: Is maith ____ bheith ag tumadh.

10 na buachaillí: Is maith ___ bheith ag scátáil.

mé:	liom
tú:	leat
sé:	leis
sí:	léi
sinn:	linn
sibh:	libh
siad:	leo

Spraoi le Briathra

Inné h eamar amar	Gach Lá imid aimid
Bhain mé	Bainim
Bhain tú	Baineann tú
Bhain sé	Baineann sé
Bhain sí	Baineann sí
Bhaineamar	Bainimid
Bhain sibh	Baineann sibh
Bhain siad	Baineann siad

Inné h eamar amar	Gach Lá imid aimid
Sheinn mé	Seinnim

Inné h eamar amar	Gach Lá imid aimid
Thóg mé	Tógaim
Thóg tú	Tógann tú
Thóg sé	Tógann sé
Thóg sí	Tógann sí
Thógamar	Tógaimid
Thóg sibh	Tógann sibh
Thóg siad	Tógann siad

Inné h eamar amar	Gach Lá imid aimid
Ghlan mé	Glanaim

An tEarrach

Márta

22 	**23** 	**24** 	**25** 	**26** 
An dara lá is fiche de Mhárta	An tríú lá is fiche de Mhárta	An ceathrú lá is fiche de Mhárta	An cúigiú lá is fiche de Mhárta	An séú lá is fiche de Mhárta
27 	**28** 	**29** 	**30** 	**31** 
An seachtú lá is fiche de Mhárta	An t-ochtú lá is fiche de Mhárta	An naoú lá is fiche de Mhárta	An tríochadú lá de Mhárta	An t-aonú lá is tríocha de Mhárta

Obair Bheirte

1 Cad a rinne na páistí ar an ochtú lá is fiche de Mhárta?

   Bhí na páistí ag iomáint.

2 Cad a rinne na páistí ar an gceathrú lá is fiche de Mhárta?

3 Cad a rinne na páistí ar an tríochadú lá de Mhárta?

4 Cad a rinne na páistí ar an aonú lá is tríocha de Mhárta?

5 Cad a rinne na páistí ar an seachtú lá is fiche de Mhárta?

6 Cad a rinne na páistí ar an tríú lá is fiche de Mhárta?

7 Cad a rinne na páistí ar an séú lá is fiche de Mhárta?

8 Cad a rinne na páistí ar an naoú lá is fiche de Mhárta?

 ag rothaíocht	ag snámh	ag imirt leadóige	ag rith faoin tuath
ag marcaíocht	ag imirt eitpheile	ag iomáint	ag imirt cispheile

Bí ag Léamh An Crann

An Samhradh
Fásann duilleoga ar an gcrann sa samhradh.

An Fómhar
Titeann duilleoga den chrann san fhómhar.

An tEarrach
Fásann bachlóga ar an gcrann san earrach.

An Geimhreadh
Ní bhíonn duilleoga ar an gcrann sa gheimhreadh. Bíonn an crann lom sa gheimhreadh.

Bí ag Scríobh

1 Fásann _____ ar an gcrann san earrach.

2 Fásann _____ ar an gcrann sa samhradh.

3 Titeann duilleoga den chrann __ ____.

4 Ní bhíonn duilleoga ar an gcrann __ ____.

5 Bíonn an crann ____ sa gheimhreadh.

Suimeanna Focal

fimid
faimid

Amárach

Fásfaimid

Glanfaimid

Brisfimid

Léimfimid

1 Fás + _ _ _ _ _ _ = _ _ _ _ _ _ _ _ _

2 Glan + _ _ _ _ _ _ = _ _ _ _ _ _ _ _ _ _

3 Bris + _ _ _ _ _ = _ _ _ _ _ _ _ _ _

4 Léim + _ _ _ _ _ = _ _ _ _ _ _ _ _ _

Crann

an ghaoth

ag luascadh

na duilleoga glasa

Is crann láidir mé.
Mo chosa sa chré,
Mo ghéaga ag luascadh,
Go bríomhar sa ghaoth.

Na duilleoga glasa,
Ag rince go gasta,
Nach mé atá sásta,
Is crann láidir mé.

géaga

sásta

sa chré

Abair an dán.
Scríobh an dán.
Tarraing pictiúr.

Bí ag Léamh An Gairdín san Earrach

claí

lus an chromchinn

sabhaircíní

bainne bó bleachtáin

nóiníní

spád

ag tochailt

ag obair go dian

plúiríní sneachta

síolta

cróc

sa chré

Bíonn Mamaí agus Daidí ag obair go dian sa ghairdín san earrach.

Bíonn spád ag Daidí.

Bíonn sé ag tochailt.

Cuireann Mamaí síolta sa ghairdín san earrach.

Tosaíonn na bláthanna ag fás arís san earrach.

Bí ag Scríobh

1 Fásann ___ san earrach.

2 Fásann ___ san earrach.

3 Fásann ___ san earrach.

4 Fásann ___ san earrach.

5 Fásann ___ san earrach.

6 Fásann ___ san earrach.

Spraoi le Briathra

Amárach fimid faimid	Amárach fimid faimid
Fásfaidh mé	Cuirfidh mé
Fásfaidh tú	
Fásfaidh sé	
Fásfaidh sí	
Fásfaimid	
Fásfaidh sibh	
Fásfaidh siad	

Bí ag Caint An tEarrach

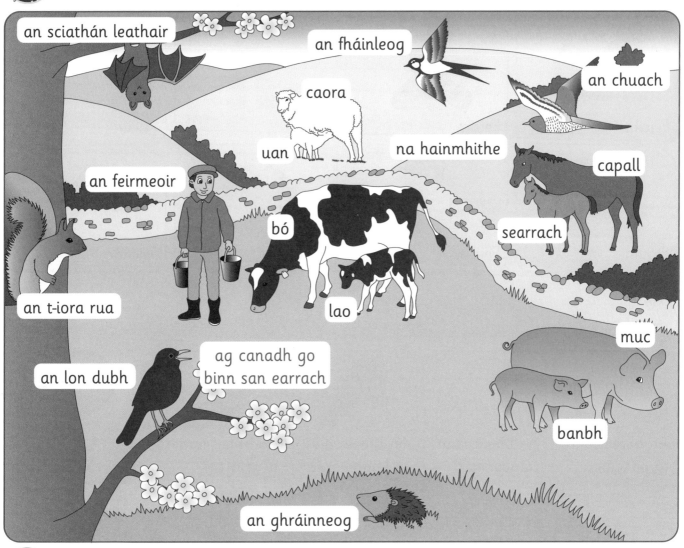

an sciathán leathair

an fháinleog

an chuach

caora

na hainmhithe

capall

uan

an feirmeoir

bó

searrach

an t-iora rua

lao

muc

an lon dubh

ag canadh go binn san earrach

banbh

an ghráinneog

Scríobh an Scéal

Dúisíonn __ ____, an t-iora rua agus an sciathán leathair san earrach.

Tagann __ ____ agus an fháinleog ar ais ón Afraic.

Canann an lon dubh go binn san ____.

Bíonn __ ____ gnóthach san earrach.

Bíonn ____ ag an mbó.

Bíonn ____ ag an gcaora.

Bíonn ____ ag an muc.

Bíonn ____ ag an gcapall.

Bíonn __ ____ óga ag spraoi sna páirceanna.

Éadaí

Freagair na Ceisteanna   Cad a fheiceann tú?

Feicim _____.

Feicim _____.

Feicim _____.

Feicim _____.

Feicim _____.

Feicim _____.

Feicim _____.

Feicim _____.

Scríobh na hAbairtí

An bhfeiceann tú pitseámaí?

____ pitseámaí.

An bhfeiceann tú geansaí?

_____.

An bhfeiceann tú lámhainní?

_____.

An bhfeiceann tú sciorta?

_____.

An bhfeiceann tú lámhainní?

_____.

An bhfeiceann tú sciorta?

_____.

An bhfeiceann tú hata?

_____.

An bhfeiceann tú bríste?

_____.

An bhfeiceann tú? Ní fheicim Feicim

lámhainní

bróga

stocaí

bríste

gúna

sciorta

cóta

léine

Nead na Lachan sa Mhúta

Nead na lachan sa mhúta.
Nead na lachan sa mhúta.
Nead na lachan sa mhúta.
Is cuirfidh mé amach ar an gcuan thú.

Curfá

Haigh dí, di-dil-dí, di-dil-dí.
Haigh dí, dí-dí, dé-ró.
Haigh-did-dil-aigh-did-dil-aigh-did-dil,
Haigh dí, di-dil-dí dé-ró.

Béarfaidh mé curach is criú duit.
Béarfaidh mé curach is criú duit.
Béarfaidh mé curach is criú duit.
Is cuirfidh mé amach ar an gcuan thú.

Ceannóidh mé slat is dorú duit.
Ceannóidh mé slat is dorú duit.
Ceannóidh mé slat is dorú duit.
Is cuirfidh mé amach ar an gcuan thú.

Ceannóidh mé éadaí breá' nua duit.
Ceannóidh mé éadaí breá' nua duit.
Ceannóidh mé éadaí breá' nua duit.
Is cuirfidh mé amach ar an gcuan thú.

sceacha

uibheacha

sa mhúta

nead na lachan

cuan

slat iascaireachta

criú

na maidí

curach

dorú

Can an t-amhrán.
Scríobh an t-amhrán.
Tarraing pictiúr.

129

Bí ag Léamh

Conas atá sí gléasta?	Conas atá sé gléasta?

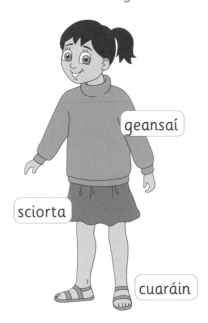

geansaí

sciorta

cuaráin

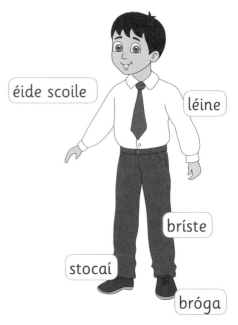

éide scoile

léine

bríste

stocaí

bróga

Tá sí gléasta go deas.
Tá sciorta uirthi.
Tá geansaí uirthi.
Tá cuaráin uirthi.

Tá éide scoile air.
Tá léine air.
Tá carbhat air.
Tá bríste air.
Tá stocaí agus bróga air.

 Obair Bheirte

Conas atá tú gléasta?

Tá ____ orm.

 Líon na Bearnaí

1 mé: Chuir mé mo chóta ____.

2 sé: Chuir Samar a chóta ____.

3 sí: Chuir Ciara a cóta ____.

4 tú: Chuir tú do chóta ____.

5 sinn: Chuireamar ár gcótaí ____.

6 sibh: Chuir sibh bhur gcótaí ____.

7 na páistí: Chuir siad a gcótaí ____.

8 na cailíní: Chuir siad a gcótaí ____.

mé: orm
tú: ort
sé: air
sí: uirthi
sinn: orainn
sibh: oraibh
siad: orthu

Bí ag Léamh — Ag Cóiriú na Leapa

Bhí Niamh ag cóiriú na leapa.
Bhí Oisín ag cabhrú léi.
Chuir siad bráillín ar an tocht.
Chuir siad bráillín eile ar an leaba.

Chuir siad blaincéad ar an leaba.
Chuir siad cuilt ar an leaba.
Bhí dhá philiúr ar an gcathaoir.

Thosaigh Niamh agus Oisín ag troid leis na piliúir.
'Bí cúramach,' arsa Niamh.
'Buafaidh mé an troid seo,' arsa Oisín.

Bhí a lán cleití ag teacht amach as na piliúir.
Bhí cleití i ngach áit.

Chuala Mamaí an raic.
Tháinig sí isteach sa seomra.

Thug sí íde béil do na páistí.
'Ná bígí ag troid leis na piliúir,' arsa Mamaí.
'Cuirigí na piliúir ar an leaba agus glanaigí an seomra.'

Bí ag Scríobh

1 Chuir siad ____ ar an leaba.

2 Chuir siad ____ ar an leaba.

3 Chuir siad ____ ar an leaba.

4 Chuir siad ____ ar an leaba.

5 Chuir siad ____ ar an leaba.

Spraoi le Briathra

Grúpa a hAon

Inné amar eamar	Gach Lá aimid imid	Amárach faimid fimid
Chuir mé	Cuirim	Cuirfidh mé
Chuir tú	Cuireann tú	
Chuir sé		
Chuir sí		
Chuireamar		
Chuir sibh		
Chuir siad		

Bí ag Caint | An Seomra Leapa

ar an gcófra

in aice leis an gcófra

sa vardrús

piliúr

ar an leaba
bráillín

faoin gcófra

blaincéad

sa tarraiceán

cuilt

ar an gcathaoir

tocht

faoin leaba

faoin gcathaoir

in aice leis an gcathaoir

 ## Freagair na Ceisteanna

1 Cá bhfuil an piliúr?   2 Cá bhfuil an hata?

3 Cá bhfuil na bróga?   4 Cá bhfuil na lámhainní?

5 Cá bhfuil an t-léine?   6 Cá bhfuil an camán?

7 Cá bhfuil an geansaí?   8 Cá bhfuil an clog?

9 Cá bhfuil an carbhat?   10 Cá bhfuil an pitseámaí?

Bí ag Léamh Gach Maidin

Buaileann an clog ar a seacht a chlog ar maidin.

Éirím ansin.

Bainim mo phitseámaí díom.

Ním m'aghaidh agus mo lámha.

Cuirim mo chuid éadaí orm.

Ithim mo bhricfeasta.

Rithim ar scoil.

Imrím cluiche peile le mo chairde sa chlós.

Faighim cúl.
Bíonn gliondar croí orm.

Spraoi le Briathra

Inné	Gach Lá im aim
Chuir mé	Cuirim
Bhain mé	
Rith mé	
D'ith mé	
Ghlan mé	
Chan mé	

Bí ag Scríobh

1 Bhain mé mo phitseámaí díom inné.

____ mo phitseámaí díom gach lá.

2 Chuir mé mo chuid éadaí orm inné.

____ mo chuid éadaí orm gach lá.

3 D'ith mé mo bhricfeasta inné.

____ mo bhricfeasta gach lá.

4 Rith mé ar scoil inné.

____ ar scoil gach lá.

Bí ag Léamh Ag Imirt Peile sa Chlós ar Maidin

Bhí na páistí ag imirt peile sa chlós ar maidin.
Bhí Niamh an-te.
Bhí sí ag cur allais.

Bhain sí a hata di.
Chuir sí a hata in aice lena mála scoile.

Fuair Niamh cúl.
Bhí gliondar croí uirthi.

Chuala na páistí an clog.
Rith siad isteach sa líne.
'Cá bhfuil mo hata?' arsa Niamh.

Go tobann, chonaic Niamh Bran in aice leis an ngeata.
Bhí a hata ina bhéal.
Rith Niamh ina dhiaidh.

Fuair sí a hata.
Bhí na páistí eile sna trithí ag gáire.

 Obair Bheirte

1 Cá raibh na páistí ag imirt peile?

2 Cén fáth a raibh Niamh ag cur allais?

3 Cár chuir Niamh a hata?

4 Cén fáth ar rith Niamh isteach sa líne?

5 Cén fáth a raibh na páistí eile ag gáire?

Grúpa a hAon		
Inné amar eamar	Gach Lá aimid imid	Amárach faimid fimid
Bhain mé	Bainim	Bainfidh mé
Bhain tú	Baineann tú	
Bhain sé		
Bhain sí		
Bhaineamar		
Bhain sibh		
Bhain siad		

Bí ag Léamh

Bhain mé mo chóta díom.

Bhain tú do chóta díot.

Bhain sé a chóta de.

Bhain sí a cóta di.

Bhaineamar ár gcótaí dínn.

Bhain sibh bhur gcótaí díbh.

Bhain siad a gcótaí díobh.

 Líon na Bearnaí

1 mé: Bhain mé mo chóta _____.

2 Liam: Bhain sé a chóta _____.

3 Niamh: Bhain sí a cóta _____.

4 tú: Bhain tú do chóta _____.

5 sinn: Bhaineamar ár gcótaí _____.

6 Ruairí agus Róisín: Bhain siad a gcótaí _____.

7 na cailíní: Bhain siad a gcótaí _____.

8 sibh: Bhain sibh bhur gcótaí _____.

9 na páistí: Bhain siad a gcótaí _____.

10 Liam agus Oisín: Bhain siad a gcótaí _____.

mé: díom
tú: díot
sé: de
sí: di
sinn: dínn
sibh: díbh
siad: díobh

Galrollóir

Tá an galrollóir ag teacht,
Tá an galrollóir ag teacht,
As an tslí
A sheilidí
Tá an galrollóir ag teacht!

Tá an galrollóir ag teacht,
Tá an galrollóir ag teacht,
Imigí
A fheithidí
Tá an galrollóir ag teacht!

Tá an galrollóir ag teacht,
Tá an galrollóir ag teacht,
Teithigí
A phéistíní
Tá an galrollóir ag teacht!

Tá an galrollóir ag teacht,
Tá an galrollóir ag teacht,
Rithigí
A luchógaí
Tá an galrollóir ag teacht!

An Nuacht

An Nuacht

Bhí breithlá Róisín ag teacht.
Thug sí cuireadh dom dul go dtí an chóisir.
Thug sí cuireadh d'Oisín dul go dtí an chóisir freisin.
Chuamar go dtí an baile mór.
Tháinig Mamaí in éineacht linn.
Bhí an baile mór dubh le daoine.
Bhí slua mór ann.
Chuamar isteach i siopa éadaí.
Chuireamar éadaí nua orainn.
Fuair mé bríste, t-léine agus bróga nua don chóisir.
Fuair Oisín bríste, t-léine agus bróga nua don chóisir freisin.
Thaitin na héadaí nua go mór linn.
Bhíomar an-sásta.

 Bí ag Léamh [Tuar na hAimsire]

Scríobh an nuacht.
Scríobh tuar na haimsire.
Tarraing pictiúr.

An Aimsir

Dia daoibh, a chairde agus fáilte romhaibh go dtí tuar na haimsire.
Beidh an aimsir go hálainn inniu.
Beidh sé te i ngach áit sa tír.
Beidh an teocht chomh hard le fiche céim Celsius sa tuaisceart.
Beidh an ghrian ag taitneamh sa deisceart.
Beidh an teocht chomh hard le trí chéim is fiche Celsius.
Beidh sé grianmhar san iarthar.
Beidh an teocht chomh hard le ceithre chéim is fiche Celsius.
Beidh an ghrian ag spalpadh anuas san oirthear.
Beidh an teocht chomh hard le cúig chéim is fiche Celsius.

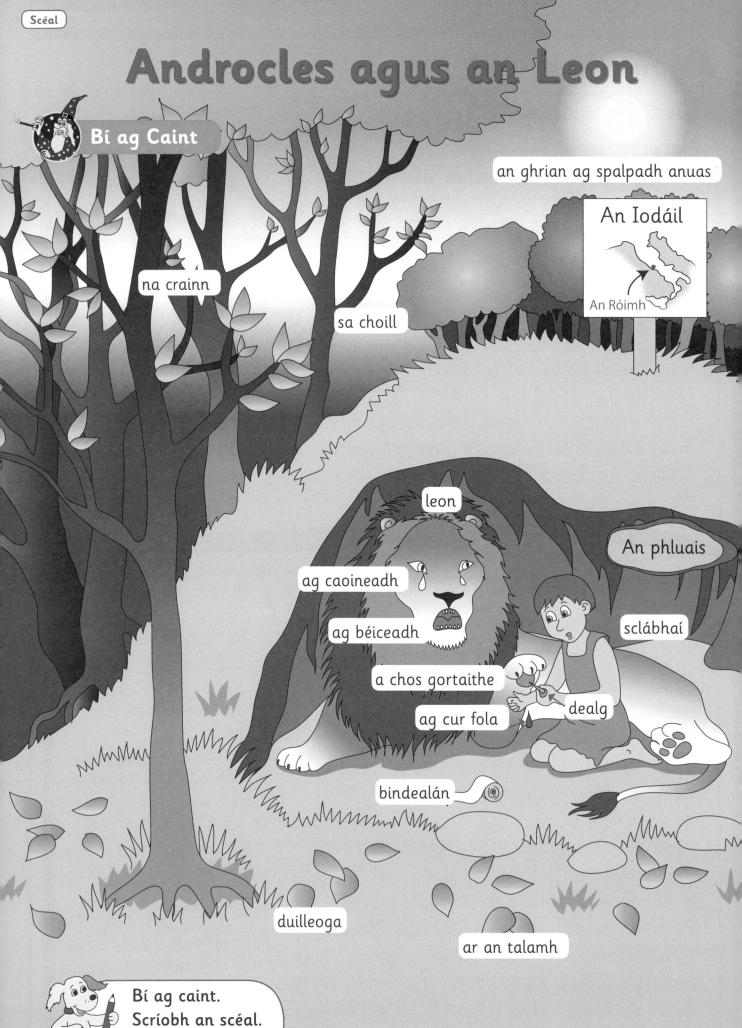

Scríobh an Scéal **Androcles agus an Leon**

Fadó, fadó bhí buachaill óg ina chónaí sa ____.

____ ab ea é.

Androcles ab ____ dó.

Lá amháin, bhí Androcles ag tógáil ____ don rí.

Bhí __ ____ ag spalpadh anuas.

Bhí sé tuirseach ____.

D'fhág sé an balla agus ____ sé isteach sa choill ar nós na gaoithe.

Chuaigh sé __ ____ i bpluais sa choill.

Róimh	sclábhaí	**ANDROCLES** ainm	balla
an ghrian	traochta	rith	i bhfolach

✏️ **Bí ag Scríobh**

1 Thug sé faoi deara go raibh ____ ag teacht isteach sa phluais.

2 Thug sé faoi deara go raibh ____ ag teacht isteach sa phluais.

3 Thug sé faoi deara go raibh ____ ag teacht isteach sa phluais.

4 Thug sé faoi deara go raibh ____ ag teacht isteach sa phluais.

seilide	leon	tarbh	luch

Roghnaigh an Focal Ceart

1		2		3	
	☐ cealg		☐ pluais		☐ sclábhaí
	☐ dealg		☐ coill		☐ saighdiúir
	☐ dearg		☐ balla		☐ siopadóir

Spraoi le Briathra Measúnú

Inné h	Gach Lá im aim
Bhris mé	
Ghlan mé	
Chuir mé	
Bhain mé	
Sheinn mé	
Chan mé	
Thóg mé	

Grúpa a hAon

Inné amar eamar	Gach Lá aimid imid	Amárach faimid fímid
Ghlan mé	Glanaim	Glanfaidh mé
	Glanann tú	

Grúpa a hAon

Inné amar eamar	Gach Lá aimid imid	Amárach faimid fímid
Bhris mé	Brisim	Brisfidh mé
	Briseann tú	

Sa Bhaile

 Bí ag Léamh Cén cruth é?

 Is triantán é.

Is ciorcal é.

Is cearnóg í.

 Is dronuilleog í.

 Bí ag Caint

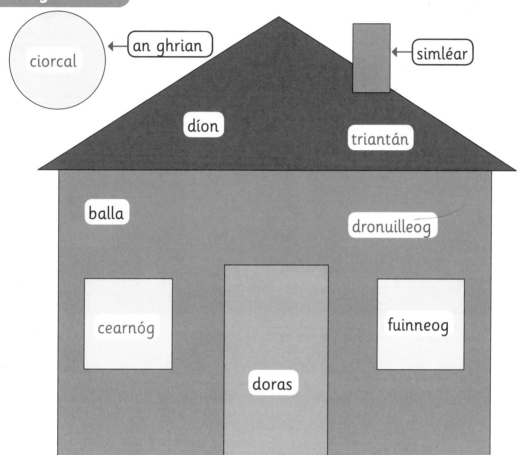

an ghrian

ciorcal

simléar

díon

triantán

balla

dronuilleog

cearnóg

fuinneog

doras

 Freagair na Ceisteanna

1 Cén cruth atá ar an díon? Is _____ é.

2 Cén cruth atá ar an doras? Is _____ é.

3 Cén cruth atá ar an bhfuinneog? Is _____ í.

4 Cén cruth atá ar an mballa? Is _____ é.

5 Cén cruth atá ar an simléar? Is _____ é.

6 Cén cruth atá ar an ngrian? Is _____ í.

 Bí ag Scríobh

1 Aimsigh dronuilleog sa seomra ranga.
Cad é? Is clár bán é.

2 Aimsigh ciorcal sa seomra ranga.
Cad é? Is _____ é.

3 Aimsigh triantán sa seomra ranga.
Cad é? Is _____ é.

4 Aimsigh cearnóg sa seomra ranga.
Cad é? Is _____ é.

Bí ag Caint Os Comhair an Tí

crann

spád

rothar   gluaisrothar

bláthanna

sa ghairdín

péist

cat   éan   seilide

carr

balla

geata

bus

damhán alla

bóín Dé

ar an gcosán

leoraí

tarracóir

ar an mbóthar

1   Ainmnigh trí rud atá ar an mbóthar os comhair an tí.

   Tá tarracóir, bus agus leoraí ar an mbóthar os comhair an tí.

2   Ainmnigh trí rud atá ar an gcosán os comhair an tí.

3   Ainmnigh trí rud atá ar an mballa os comhair an tí.

4   Ainmnigh rud amháin atá ar an ngeata os comhair an tí.

5   Ainmnigh trí rud atá sa ghairdín os comhair an tí.

Scríobh na hAbairtí

Urú		
ar an gcrann	ar an mbóthar	ar an ngeata

1   Tá éan ar an _crann.

2   Tá spád ar an _cosán.

3   Tá dath dearg ar an _carr.

4   Tá éan ar an _balla.

5   Tá carr ar an _bóthar.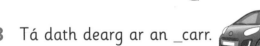

6   Tá cupán ar an _bord.

7   Tá péist ar an _geata.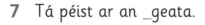

8   Tá dath glas ar an _gairdín.

Bí ag Léamh

Bhí orm dul trasna an bhóthair.

Stop mé ar thaobh an bhóthair.

D'fhan mé ar an gcosán mar bhí carr ag dul thar bráid.

D'fhéach mé ar dheis agus ar chlé.

Ní fhaca mé aon rud ag teacht.

Shiúil mé trasna an bhóthair.

 Spraoi le Briathra

Grúpa a hAon		
Inné	Gach Lá	Amárach
Stop mé	Stopaim	Stopfaidh mé
D'fhan mé	Fanaim	Fanfaidh mé
D'fhéach mé	Féachaim	Féachfaidh mé
Shiúil mé	Siúlaim	Siúlfaidh mé

Gach Lá

Stopaim.

_____ ar an gcosán.

_____ ar dheis agus ar chlé.

_____ trasna an bhóthair.

Amárach

Stopfaidh mé.

_____ mé ar an gcosán.

_____ mé ar dheis agus ar chlé.

_____ mé trasna an bhóthair.

 Bí ag Scríobh

1 Bhí _____ ag dul thar bráid.

2 Bhí _____ ag dul thar bráid.

3 Bhí _____ ag dul thar bráid.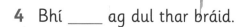

4 Bhí _____ ag dul thar bráid.

5 Bhí _____ ag dul thar bráid.

6 Bhí _____ ag dul thar bráid.

7 Bhí _____ ag dul thar bráid.

8 Bhí _____ ag dul thar bráid.

tarracóir	traein	leoraí	eitleán

gluaisrothar	rothar	bus	carr

Trasna Anseo

Feicim rothar ar an tsráid.
Feicim carr ag dul thar bráid,
Fanaim ar an gcosán caol
Ionas go mbeidh mé saor ó bhaol.

Cling cling, an rothar, cling cling binn,
Bíp, bíp, an carr ag teannadh linn.
Slán ar dheis is slán ar chlé.
Slán ar dheis is ar aghaidh go réidh.

Seo é an zebra dubh is bán,
Seo í an áit a mbeimid slán.
Slán ar dheis is slán ar chlé,
Slán ar dheis is ar aghaidh go réidh.

crainn

sceacha

clogad

claí

carr

ar dhei

soilse

STOP, FÉACH AGUS FAN

rothar

ar chlé

madra

an tsráid

cosán

Can an t-amhrán.
Scríobh an t-amhrán.
Tarraing pictiúr.

144

Bí ag Léamh

Chaith sé an liathróid chugam.	Chaith sé an liathróid chugat.	Chaith sé an liathróid chuige.	Chaith sé an liathróid chuici.

Líon na Bearnaí

1 mé: Chaith sé an liathróid ____.

2 sé: Chaith sé an liathróid ____.

3 tú: Chaith sé an liathróid ____.

4 sí: Chaith sé an liathróid ____.

5 Róisín: Chaith sé an liathróid ____.

6 Ruairí: Chaith sé an liathróid ____.

7 Oisín: Chaith sé an liathróid ____.

8 Samar: Chaith sé an liathróid ____.

9 Niamh: Chaith sé an liathróid ____.

10 Ciara: Chaith sé an liathróid ____.

mé: chugam
tú: chugat
sé: chuige
sí: chuici

Bí ag Léamh Cén saghas tí é?

Is bungaló é.

Is teach scoite é.

Is teach leathscoite é.

Is árasán é.

Is teach dhá stór é.

Is teach solais é.

 Obair Bheirte

1 Cén saghas tí é?

2 Cén saghas tí é?

3 Cén saghas tí é?

4 Cén saghas tí é?

5 Cén saghas tí é?

6 Cén saghas tí é?

Is ea.
Is ___ é.
Ní he
Ní ___

 Freagair na Ceisteanna

1 An bungaló é?

Is ea.
Is bungaló é.

2 An teach solais é?

Ní hea.
Ní teach solais é.

3 An teach leathscoite é?

_____

4 An árasán é?

_____

5 An bungaló é?

_____

6 An teach leathscoite é?

_____

146

Bí ag Léamh

Tá mé i mo chónaí i Lú.

Tá tú i do chónaí i Mí.

Tá sé ina chónaí i mBaile Átha Cliath.

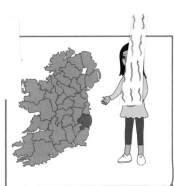

Tá sí ina cónaí i gCill Mhantáin.

Táimid inár gcónaí i Loch Garman.

Tá sibh in bhur gcónaí i gCill Chainnigh.

Tá siad ina gcónaí i Laois.

Líon na Bearnaí

1 mé: Tá mé i ___ chónaí i Lú.

2 tú: Tá tú i ___ chónaí i Mí.

3 sé: Tá sé in___ chónaí i mBaile Átha Cliath.

4 sí: Tá sí in___ cónaí i gCill Mhantáin.

5 sinn: Táimid in___ gcónaí i Loch Garman.

6 sibh: Tá sibh in ___ gcónaí i gCill Chainnigh.

7 siad: Tá siad in___ gcónaí i Laois.

mo chónaí
do chónaí
a chónaí
a cónaí
ár gcónaí
bhur gcónaí
a gcónaí

Freagair na Ceisteanna

1 Cá bhfuil tú i do chónaí?

2 Cá bhfuil sé ina chónaí?

3 Cá bhfuil sé ina chónaí?

4 Cá bhfuil sí ina cónaí?

5 Cá bhfuil sí ina cónaí?

6 Cá bhfuil na buachaillí ina gcónaí?

7 Cá bhfuil na páistí ina gcónaí?

8 Cá bhfuil na cailíní ina gcónaí?

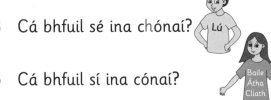

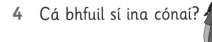

Bí ag Léamh

Bratach Lú  dearg agus bán	**Bratach na Mí**  ór agus glas

Bratach Lú

dearg agus bán

Bratach na Mí

ór agus glas

Bratach Bhaile Átha Cliath

dúghorm agus gorm

Bratach Chill Mhantáin

gorm agus ór

Bratach Loch Garman

corcra agus buí

Bratach Cheatharlach

dearg, buí agus glas

Bratach Chill Chainnigh

dubh agus ór

Bratach Laoise

gorm agus bán

Bratach Uíbh Fháilí

glas, bán agus ór

Bratach Chill Dara

bán

Bratach na hIarmhí

marún agus bán

Bratach an Longfoirt

gorm agus buí

Bí ag Caint

1 Cén dath atá ar bhratach Lú?

Tá bratach Lú ___ agus ___.

2 Cén dath atá ar bhratach na Mí?

Tá bratach na Mí ___ agus ___.

3 Cén dath atá ar bhratach Bhaile Átha Cliath?

Tá bratach Bhaile Átha Cliath ___ agus ___.

4 Cén dath atá ar bhratach Chill Mhantáin?

Tá bratach Chill Mhantáin ___ agus ___.

5 Cén dath atá ar bhratach Loch Garman?

Tá bratach Loch Garman ___ agus ___.

6 Cén dath atá ar bhratach Cheatharlach?

Tá bratach Cheatharlach ___ agus ___.

7 Cén dath atá ar bhratach Chill Chainnigh?

Tá bratach Chill Chainnigh ___ agus ___.

8 Cén dath atá ar bhratach Laoise?

Tá bratach Laoise ___ agus ___.

9 Cén dath atá ar bhratach Uíbh Fháilí?

Tá bratach Uíbh Fháilí ___ agus ___.

10 Cén dath atá ar bhratach Chill Dara?

Tá bratach Chill Dara ___ agus ___.

11 Cén dath atá ar bhratach na hIarmhí?

Tá bratach na hIarmhí ___ agus ___.

12 Cén dath atá ar bhratach an Longfoirt?

Tá bratach an Longfoirt ___ agus ___.

Bí ag Léamh (**Cá bhfuil tú i do chónaí?**)

Teach

Tá mé i mo chónaí i dteach dhá stór sa bhaile mór.

Tá seomraí leapa, halla agus seomra folctha thuas staighre.

Tá cistin, seomra suí, bialann agus seomra spraoi thíos staighre.

Is breá liom mo theach mar tá gairdín ar chúl an tí. Bím ag spraoi sa ghairdín.

Déan cur síos ar an teach.

Árasán

Tá mé i mo chónaí in árasán sa chathair.

Tá cistin, seomra suí, seomraí leapa agus seomra folctha san árasán.

Is maith liom m'árasán mar tá páirc mhór in aice le m'árasán. Bím ag spraoi sa pháirc.

Déan cur síos ar an árasán.

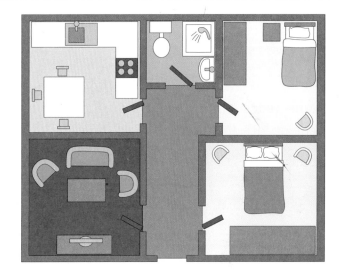

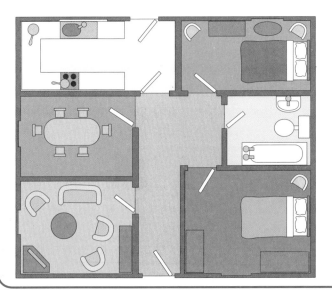

Bungaló

Tá mé i mo chónaí i mbungaló faoin tuath.

Tá halla, cistin, seomra suí, bialann, seomraí leapa agus seomra folctha sa bhungaló.

Is maith liom é ach b'fhearr liom teach dhá stór mar ba mhaith liom staighre.

Déan cur síos ar an mbungaló.

 Obair Bheirte

1 Cá bhfuil tú i do chónaí?   **2** Déan cur síos air.   **3** An maith leat é?

Bí ag Léamh

Ruairí

Tar go dtí mo theach inniu ar a trí a chlog. Rachaimid ag spraoi ar an trampailín sa ghairdín ar chúl an tí.

Oisín

Go breá. Go raibh maith agat. Feicfidh mé tú ar a trí a chlog.

 Bí ag Scríobh

Scríobh téacs chuig do chara ag iarraidh air/uirthi teacht go dtí do theach.

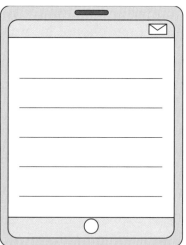

 An Guta Gearr u nó an Guta Fada ú

1 5

c _ ig

2

c _ igear

3

_ bh

4

_ rlár

5

c _ l

6

l _ ch

7

s _ il

8

d _ bh

8

sios _ r

10

m _ c

11

s _ bh

12

gl _ in

Ceol Binn an Éin

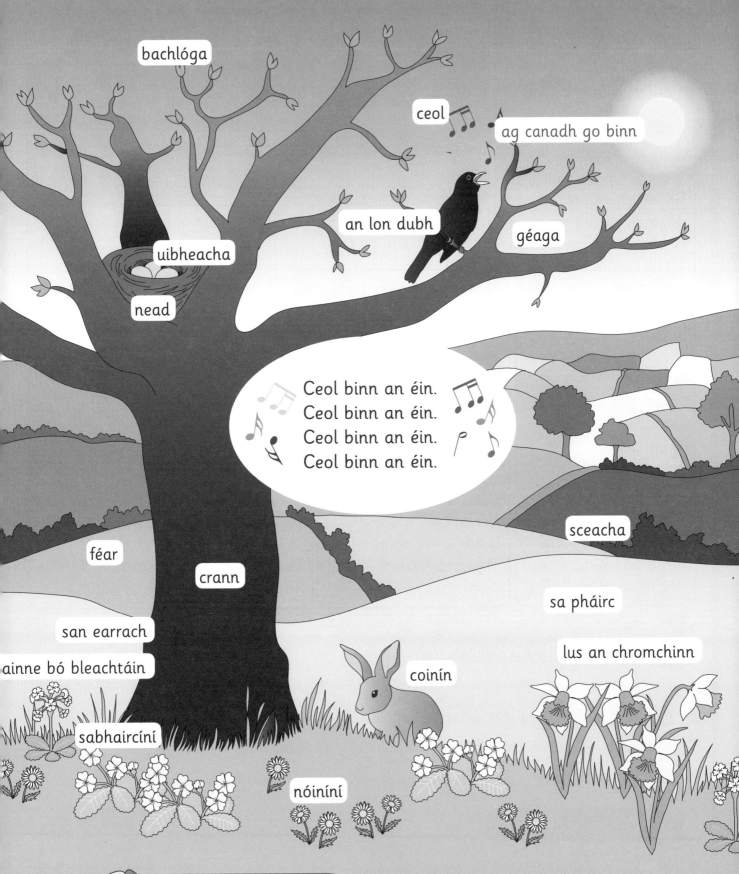

bachlóga

ceol

ag canadh go binn

an lon dubh

géaga

uibheacha

nead

Ceol binn an éin.
Ceol binn an éin.
Ceol binn an éin.
Ceol binn an éin.

sceacha

féar

crann

sa pháirc

san earrach

lus an chromchinn

...ainne bó bleachtáin

coinín

sabhaircíní

nóiníní

Can an t-amhrán.
Scríobh an t-amhrán.
Tarraing pictiúir.

Bí ag Léamh Sa Ghairdín ar Chúl an Tí

Bhí an chlann sa ghairdín ar chúl an tí. Bhí bord éan sa ghairdín. Chuir Niamh bia ar an mbord éan do na héin.

Thosaigh Niamh agus Oisín ag léim go hard ar an trampailín. Bhí spórt agus scléip acu.

Bhí Mamaí ag cur uisce ar na bláthanna. Bhí canna uisce ag Mamaí. Chabhraigh Ciara le Mamaí.

Bhí spád agus barra rotha ag Daidí. Bhí sé ag baint fiailí.

Tagaigí anseo

Go tobann, ghlaoigh Daidí ar na páistí. Thaispeáin Daidí seanchiteal dóibh.

Chonaic na páistí nead bheag istigh sa seanchiteal. Bhí éiníní óga istigh sa nead. Thaitin na héiníní go mór leis na páistí.

 Freagair na Ceisteanna

1 Cá raibh an chlann?

2 Ar chuir Oisín bia ar an mbord éan?

3 Ar thosaigh Ciara ag léim ar an trampailín?

4 Cad a bhí ar siúl ag Mamaí?

5 Cad a bhí ar siúl ag Daidí?

6 Cad a bhí ar siúl ag Ciara?

7 Cén fáth ar ghlaoigh Daidí ar na páistí?

8 Ar thaitin na héiníní leis na páistí?

 Bí ag Scríobh

1 Bhí _____ sa ghairdín ar chúl an tí.

2 Bhí _____ sa ghairdín ar chúl an tí.

3 Bhí _____ sa ghairdín ar chúl an tí.

4 Bhí _____ sa ghairdín ar chúl an tí.

5 Bhí _____ sa ghairdín ar chúl an tí.

6 Bhí _____ sa ghairdín ar chúl an tí.

7 Bhí _____ sa ghairdín ar chúl an tí.

8 Bhí _____ sa ghairdín ar chúl an tí.

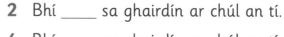

152

An Seanchiteal

spideog

péist

Bhí seanchiteal briste
Ag bun an ghairdín,
Ina luí san fhéar ann
Gan ghob, gan chláirín.

D'fhéach mé isteach ann
Is cad a bhí romham
Ach nead bheag chompordach
A rinne spideog!

Bhí trí éinín óga
Ansin ag bíogaíl
Sa seanchiteal briste
Ag bun an ghairdín.

eacha

ag bíogaíl

nead

éiníní

gan chláirín

gan ghob

seanchiteal

san fhéar

bun an ghairdín

Abair an dán.
Scríobh an dán.
Tarraing pictiúr.

153

Bí ag Caint

An Seomra Folctha

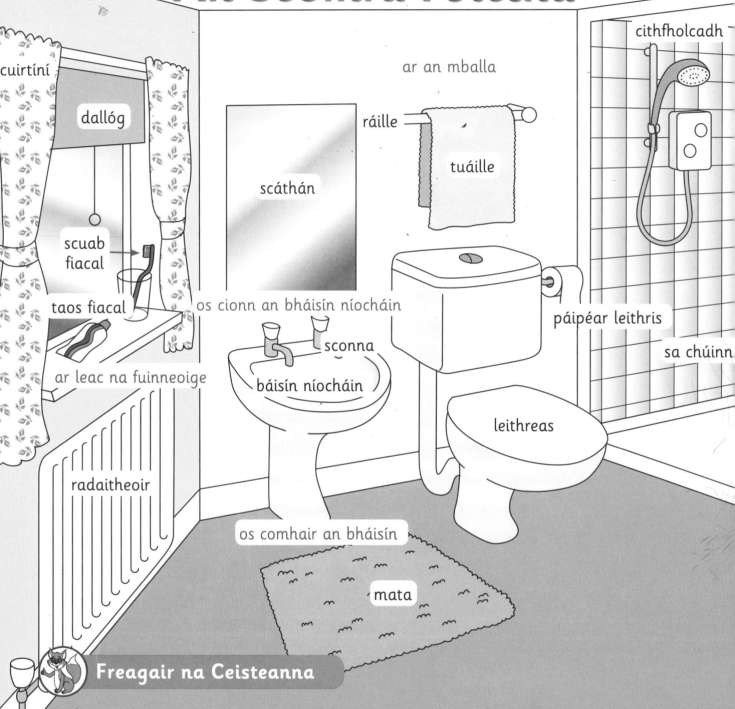

cithfholcadh

cuirtíní

ar an mballa

dallóg

ráille

tuáille

scáthán

scuab fiacal

taos fiacal

os cionn an bháisín níocháin

sconna

páipéar leithris

sa chúinn

ar leac na fuinneoige

báisín níocháin

leithreas

radaitheoir

os comhair an bháisín

mata

Freagair na Ceisteanna

1 Ainmnigh cúig rud atá sa seomra folctha.

2 Cad atá ar leac na fuinneoige?

3 Cad atá ar an mballa os cionn an bháisín níocháin?

4 Cad atá faoin bhfuinneog?

5 Cad atá ar an mballa os cionn an leithris?

6 Cad atá sa chúinne?

7 Cad atá ar an urlár os comhair an bháisín níocháin?

8 Cá bhfuil an ráille?

9 An bhfuil mata ar an urlár os comhair an leithris?

10 Cá bhfuil an tuáille?

Déan cur síos ar do sheomra folctha.
Tarraing do sheomra folctha.

Bí ag Léamh   Ciara sa Seomra Folctha

Lá amháin, bhí Niamh agus Oisín ag imirt cártaí sa seomra suí. Bhí Ciara ag súgradh le brící ar an urlár. Tháinig Mamaí isteach sa seomra suí.

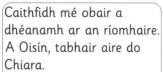

Caithfidh mé obair a dhéanamh ar an ríomhaire. A Oisín, tabhair aire do Chiara.

Ceart go leor.

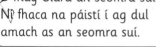

Rinne Mamaí a cuid oibre ar an ríomhaire.
D'fhág Ciara an seomra suí.
Ní fhaca na páistí í ag dul amach as an seomra suí.

Chuaigh Ciara isteach sa seomra folctha.
Chuir sí an t-uisce ar siúl.
Bhí sí ag súgradh le lacha sa doirteal ar feadh tamaill.

Go tobann, chonaic Mamaí uisce ag sileadh ón tsíleáil.
'Cad é sin?' arsa Mamaí.
'Cá bhfuil Ciara?'

Rith Mamaí agus na páistí suas an staighre agus isteach sa seomra folctha.
Bhí uisce i ngach áit.
Mhúch Mamaí an sconna.

Dúirt mé leat aire a thabhairt do Chiara.

Ní fhaca mé í ag dul amach as an seomra suí.

Tá brón orm. Ní dhéanfaidh mé arís é.

Ceart go leor.

Chabhraigh na páistí le Mamaí an seomra a ghlanadh.

Spraoi le Briathra

An?	✓	Ní
An bhfaca?	Chonaic	Ní fhaca
An ndearna?	Rinne	Ní dhearna
An ndúirt	Dúirt	Ní dúirt

Ar?	✓	Níor
Ar mhúch?	Mhúch	Níor mhúch
Ar rith?	Rith	Níor rith
Ar tháinig?	Tháinig	Níor tháinig
Ar fhág?	D'fhág	Níor fhág

Obair Bheirte

1 Ar tháinig Daidí isteach sa seomra suí?

2 Ar fhág Ciara an seomra suí?

3 An ndearna Oisín obair ar an ríomhaire?

4 An ndearna Mamaí obair ar an ríomhaire?

5 Ar mhúch Mamaí an sconna?

6 Ar mhúch Ciara an sconna?

7 An bhfaca Oisín Ciara ag dul amach as an seomra suí? Cén fáth?

8 An ndúirt Mamaí le Niamh aire a thabhairt do Chiara?

An Nuacht

An Nuacht

Tháinig mo chairde go dtí mo theach.

Bhíomar ag spraoi sa ghairdín ar chúl an tí.

Bhí spórt agus scléip againn.

Thugamar bia do na héin.

Bhíomar ag léim go hard ar an trampailín.

Bhíomar ag cabhrú le Mamaí.

Bhíomar ag cabhrú le Daidí freisin.

Chonaiceamar nead sa ghairdín.

Bhí éiníní sa nead.

Thaitin an nead go mór linn.

Bí ag Léamh   Tuar na hAimsire

An Aimsir

Beidh an ghrian le feiceáil sa tuaisceart.

Beidh an teocht níos mó ná cúig chéim déag Celsius.

Beidh scamaill mhóra dhubha le feiceáil san iarthar.

Beidh sé ag stealladh báistí.

Beidh an teocht níos mó ná aon chéim déag Celsius.

Beidh an ghrian le feiceáil sa deisceart.

Beidh an teocht níos mó ná sé chéim déag Celsius.

Beidh an lá go hálainn ar fad.

Beidh scamaill le feiceáil san oirthear.

Beidh sé ag cur fearthainne.

Beidh an teocht níos mó ná dhá chéim déag Celsius.

Scríobh an nuacht.
Scríobh tuar na haimsire.
Tarraing pictiúr.

Bí ag Caint
Labhraidh Loingseach

coinneal

Tá dhá chluas capaill ar Labhraidh Loingseach.

an chruit

Bhain sé a chochall de.

cruitire

tine mhór

an rí

ar lasadh sa tinteán

mac na baintrí

bearbóir

an mháthair

baintreach

draoi

ag ithe agus ag ól

crúiscín

slua mór

ag caint agus ag comhrá

ag an bhféasta

Bí ag caint faoin bpictiúr.
Scríobh an scéal.

157

Scríobh an Scéal , Labhraidh Loingseach

Labhraidh Loingseach ab _____ dó.

Bhí _____ aige.

Bhí _____ capaill air.

Ní raibh a fhios ag _____ go raibh cluasa capaill air.

D'fhás _____ an rí go tapa.

Nuair a bhí gruaig an rí _____, chuir sé fios
ar bhearbóir chun a chuid gruaige a bhearradh.

Chuaigh an _____ go dtí an rí.

rí	cluasa	bearbóir	gruaig
rún	ainm	fada	éinne

 Foclóir Scríobh an Focal Ceart faoi Gach Pictiúr

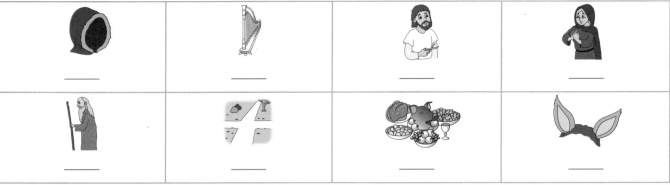

_____	_____	_____	_____
_____	_____	_____	_____

cluasa	an mháthair	bearbóir	féasta
cruit	draoi	crosbhóthar	cochall

 Bí ag Scríobh

1 Bhí trua ag _____ don mháthair.

2 Bhí trua ag _____ don mháthair.

3 Bhí trua ag _____ don mháthair.

4 Bhí trua ag _____ don mháthair.

5 Bhí trua ag _____ don mháthair.

6 Bhí trua ag _____ don mháthair.

an múinteoir	an siopadóir	an dochtúir	an draoi	an rí	an saighdiúir

Bí ag Caint (Measúnú)

1 Cén cruth é?

Is _____ é.

2 Cén cruth é?

Is _____ é.

3 Cén saghas tí é?

Is _____ é.

4 Cá bhfuil tú i do chónaí?

Tá mé _ __ ____ i _____.

Roghnaigh an Focal Ceart

1			2		
	☐ rothar			☐ rothar	
	☐ barra rotha			☐ barra rotha	
	☐ gluaisrothar			☐ gluaisrothar	

1
- ☐ rothar
- ☐ barra rotha
- ☐ gluaisrothar

2
- ☐ rothar
- ☐ barra rotha
- ☐ gluaisrothar

3
- ☐ teach leathscoite
- ☐ teach feirme
- ☐ teach solais

4
- ☐ sconna
- ☐ tuáille
- ☐ tolg

5
- ☐ duilleog
- ☐ cuirtín
- ☐ dallóg

6
- ☐ scáthán
- ☐ solas
- ☐ sconna

Spraoi le Briathra

Ceisteanna – Inné		
Ar?	✓	✗
Ar mhúch?		
Ar tháinig?		
Ar fhág?		
Ar ghlaoigh?		
Ar chabhraigh?		
Ar thaitin?		
Ar fhás?		
Ar chuir?		

An Teilifís

Bí ag Caint An Seomra Suí

lampa

grianghraf

scáthán

clog

cuirtíní

dallóg

os cionn na tine

taobh thiar den tolg

ag imirt cluiche

cianrialtán

faoin gcuisín

in aice leis an mbord

cnámh   mata

bláthchuach

táibléad

teasaire

carr dearg

liathróid

Bí ag Caint

1 Cad atá faoin bhfuinneog?

2 Cad atá ar an bhfuinneog?

3 Cad atá sa chúinne taobh thiar den tolg?

4 Cad atá faoin mbord?

5 Cad atá ar an mbord?

6 Cé atá ag an mbord?

7 Cad atá ar an urlár in aice leis an mbord?

8 Cad atá ar an mballa os cionn na tine?

9 Cad atá os comhair na tine?

10 Cad atá ar an matal os cionn na tine?

Scríobh faoi do sheomra suí.
Tarraing pictiúr den seomra suí.

160

An Puisín

'A Phuisín, a phuisín,
Cár chaith tú an lá?'
'Ag lorg luichín
Amuigh sa pháirc.'

'A phuisín, a phuisín
Ar mharaigh tú í?'
'Chuaigh sí isteach i bpoillín
Is níor mharaigh mé í.'

'A phuisín, a phuisín
Cá rachaidh tú anois?'
'Rachaidh mé ag fiach
Nó ag iascach sa loch.'

'A phuisín, a phuisín,
tá an t-uisce rófhliuch.'
'Má tá, tabhair dom braon bainne
is fanfaidh mé anseo.'

Bainne

Can an t-amhrán.
Scríobh an t-amhrán.
Tarraing pictiúr.

Bí ag Léamh — Ag Féachaint ar an Teilifís

Bhí na páistí ag féachaint ar chartún ar an teilifís.
'Ardaigh an fhuaim,' arsa Niamh.
'Ní féidir liom í a chloisteáil.'
D'ardaigh Oisín an fhuaim.

'Ná bí ag pleidhcíocht,' arsa Niamh
'Íslígh an fhuaim.'
'Tá sí ró-ard.'
D'íslígh Oisín an fhuaim.

'Athraigh an cainéal,' arsa Niamh
Tá an cartún leadránach.

'Ná hathraigh an cainéal,' arsa Ciara.
Tá an cartún go han-mhaith.

D'athraigh Oisín an cainéal. Thosaigh na páistí ag troid faoin gcianrialtán. Scread Ciara go hard.

Tháinig Mamaí isteach sa seomra.
'Ná bígí ag troid.' 'Tabhair dom an cianrialtán,' arsa Mamaí.
Thóg Mamaí an cianrialtán.
Mhúch sí an teilifís.
'Amach libh ag súgradh sa ghairdín,' ar sise.

Spraoi le Briathra

Grúpa 2			
Ordú	Inné D'	Gach Lá íonn aíonn	Amárach eoidh óidh
Ardaigh	D'ardaigh sé	Ardaíonn sé	Ardóidh sé
Íslígh	_____ sé	_____ sé	_____ sé
Athraigh	_____ sé	_____ sé	_____ sé
Éirigh	_____ sé	_____ sé	_____ sé

Bí ag Scríobh

1 D'ardaigh Oisín an fhuaim inné.
   ____ Oisín an fhuaim gach lá.
   ____ Oisín an fhuaim amárach.

2 D'íslígh Oisín an fhuaim inné.
   ____ Oisín an fhuaim gach lá.
   ____ Oisín an fhuaim amárach.

3 D'athraigh Oisín an cainéal inné.
   ____ Oisín an cainéal gach lá.
   ____ Oisín an cainéal amárach.

4 D'éirigh Oisín den chathaoir inné.
   ____ Oisín den chathaoir gach lá.
   ____ Oisín den chathaoir amárach.

 **Bí ag Léamh**

Sceideal Teilifíse

Clár				Am
Cartún				3:20 fiche tar éis a trí
Clár Spóirt				3:40 fiche chun a ceathair
Clár Ceoil				4:30 leathuair tar éis a ceathair
Clár Staire				5:10 deich tar éis a cúig
Nuacht				6:00 sé a chlog
Tuar na hAimsire				6:25 fiche cúig tar éis a sé
Clár Tíreolaíochta				6:35 fiche cúig chun a seacht
Clár Eolaíochta				7:15 ceathrú tar éis a seacht
Dráma				7:55 cúig chun a hocht
Scannán				8:25 fiche cúig tar éis a hocht
Clár Dúlra				9:05 cúig tar éis a naoi

 Obair Bheirte

1 Cén t-am a thosaíonn an dráma?   2 Cén t-am a thosaíonn an clár ceoil?

Tosaíonn an dráma ar cúig chun a hocht.

3 Cén t-am a thosaíonn an cartún?   4 Cén t-am a thosaíonn an clár spóirt?

5 Cén t-am a thosaíonn an nuacht?   6 Cén t-am a thosaíonn an scannán?

7 Cén t-am a thosaíonn tuar na haimsire?   8 Cén t-am a thosaíonn an clár eolaíochta?

9 Cén t-am a thosaíonn an clár dúlra?   10 Cén t-am a thosaíonn an clár tíreolaíochta?

Bí ag Léamh An Clár is Fearr Liom

An maith leat an nuacht?

Ní maith liom an nuacht mar tá sé leadránach.

An maith leat an sorcas?

Is maith liom an sorcas mar tá sé greannmhar.

Cén clár is fearr leat?

Is fearr liom clár staire mar tá sé suimiúil.

An maith leat an cartún?

Ní maith liom an cartún mar tá sé páistiúil.

An maith leat an nuacht?

Ní maith liom an nuacht mar tá sé an-leadránach.

Cén clár is fearr leat?

Is fearr liom clár spóirt mar tá sé an-suimiúil.

 Obair Bheirte

1 Cén clár is fearr le Ruairí? Cén fáth?

2 An maith leis an nuacht? Cén fáth?

3 An maith leis an sorcas? Cén fáth?

4 Cén clár is fearr le Róisín? Cén fáth?

5 An maith léi an nuacht? Cén fáth?

6 An maith léi cartún? Cén fáth?

 Bí ag Caint Tusa

1 Cén clár is fearr leat? Cén fáth?

2 An maith leat cartún? Cén fáth?

3 An maith leat an nuacht? Cén fáth?

4 An maith leat clár spóirt? Cén fáth?

5 An maith leat tuar na haimsire? Cén fáth?

6 An maith leat clár staire? Cén fáth?

Bí ag Léamh Ag an Deireadh Seachtaine

Is maith leis na páistí an deireadh seachtaine.
Bíonn sos acu ón scoil ar an Satharn.
Fanann Oisín agus Niamh ina suí go déanach.

Téann Ciara a chodladh go luath.
Bíonn tuirse uirthi.

Féachann Niamh ar scannán ar an teilifís.
Is breá léi bheith ag féachaint ar an
teilifís.

Ní fhéachann Oisín ar an teilifís.
Imríonn sé cluichí ar an ríomhaire.

 Freagair na Ceisteanna

 Spraoi le Briathra

1 An bhfanann Oisín ina shuí
   go déanach ar an Satharn?

2 An bhfanann Niamh ina suí
   go déanach ar an Satharn?

3 An bhfanann Ciara ina suí
   go déanach ar an Satharn?

4 An bhféachann Niamh ar
   an teilifís ag an deireadh
   seachtaine?

5 An bhféachann Niamh ar
   scannán?

6 An bhféachann Oisín ar
   an teilifís ag an deireadh
   seachtaine?

Gach Lá		
An?	**✓**	**Ní X**
An bhféachann sí?	Féachann sí	Ní fhéachann sí
An bhfanann sí?	Fanann sí	Ní fhanann sí

Inné D' fh	Gach Lá ann eann	Amárach faidh fidh
D'fhan sí	Fanann sí	Fanfaidh sí
	Fágann sí	
	Fásann sí	
	Féachann sí	

An Deireadh Seachtaine

Is maith liom an deireadh seachtaine
Mar bíonn sos agam ón scoil.
Fanaim im' shuí san oíche
Gan obair bhaile, le do thoil.

Féachaim ar an teilifís
Má éirím go moch,
Ach b'fhearr liom go mór mo ríomhaire
Má bhíonn an aimsir fliuch.

Taitníonn an chispheil liom
Le mo chairde roimh am lóin,
Ach is fearr liom cluiche peile leo
Uair éigin san iarnóin.

Ní maith liom an leadóg
Mar ní cluiche foirne é.
B'fhearr liom bheith im' pheileadóir
Is beidh, le cúnamh Dé.

Abair an dán.
Scríobh an dán.
Tarraing pictiúr.

166

Bí ag Léamh (Cúige Uladh)

Bratach Dhún na nGall

glas agus ór

Bratach Dhoire

dearg agus bán

Bratach Aontroma

buí agus bán

Bratach an Dúin

dearg agus dubh

Bratach Ard Mhacha

oráiste agus bán

Bratach Mhuineacháin

dúghorm agus bán

Bratach an Chabháin

gorm agus bán

Bratach Fhear Manach

glas agus bán

Bratach Thír Eoghain

dearg agus bán

Bí ag Caint

1 Cén dath atá ar bhratach Dhún na nGall?
Tá bratach Dhún na nGall _____ agus _____.

2 Cén dath atá ar bhratach Dhoire?
Tá bratach Dhoire _____ agus _____.

3 Cén dath atá ar bhratach Aontroma?
Tá bratach Aontroma _____ agus _____.

4 Cén dath atá ar bhratach an Dúin?
Tá bratach an Dúin _____ agus _____.

5 Cén dath atá ar bhratach Ard Mhacha?
Tá bratach Ard Mhacha _____ agus _____.

6 Cén dath atá ar bhratach Mhuineacháin?
Tá bratach Mhuineacháin _____ agus _____.

7 Cén dath atá ar bhratach an Chabháin?
Tá bratach an Chabháin _____ agus _____.

8 Cén dath atá ar bhratach Fhear Manach?
Tá bratach Fhear Manach _____ agus _____.

9 Cén dath atá ar bhratach Thír Eoghain?
Tá bratach Thír Eoghain _____ agus _____.

10 Cén bhratach is fearr leat?
Is fearr liom bratach _____.

 Tarraing na bratacha i do chóipleabhar.

Bí ag Léamh Ag Féachaint ar an Teilifís

An deireadh seachtaine a bhí ann.
Bhí Ruairí agus Róisín ag féachaint ar scannán ar an teilifís.

Bhí an scannán an-ghreannmhar.
Bhí na páistí sna trithí ag gáire.
Thaitin an scannán go mór leo.

Bhí beach mhór ag eitilt timpeall an tseomra. Ní fhaca na páistí í mar bhí siad ag féachaint ar an teilifís.

Go tobann, chuir beach cealg i lámh Ruairí.
Lig sé béic as.
Bhain sé geit as Róisín.

Leis sin, chuala Mamaí an scread.
Tháinig sí isteach sa seomra go tapa.

Cad atá ort?

Chuir beach cealg i mo lámh.

Ná bí buartha. Tabharfaidh mé aire duit.

Go raibh maith agat.

Thóg Mamaí amach an chealg.
Bhí Ruairí ceart go leor arís i gceann tamaill.

 Obair Bheirte

1 Cad a bhí ar siúl ag na páistí?
2 An raibh an scannán leadránach?
3 Cén fáth a raibh na páistí ag gáire?
4 Ar thaitin an scannán leis na páistí?
5 Cad a bhí ag eitilt timpeall an tseomra?
6 An bhfaca na páistí an scannán?
7 An bhfaca na páistí an bheach?
8 ...h ar lig Ruairí béic as?
...ula Mamaí Ruairí ag béiceadh?
...ug aire do Ruairí?

 Líon na Bearnaí

1 mé: Lig mé béic ___.
2 tú: Lig tú béic ___.
3 Ruairí: Lig sé béic ___.
4 Róisín: Lig sí béic ___.
5 Liam: Lig sé béic ___.
6 Niamh: Lig sí béic ___.
7 Ciara: Lig sí béic ___.
8 Oisín: Lig sé béic ___.

mé:	asam
tú:	asat
sé:	as
sí:	aisti

An Nuacht

An Nuacht

An deireadh seachtaine seo caite, lig mé mo scíth.

D'fhéach mé ar scannán ar an teilifís.

Thosaigh an scannán ar a hocht a chlog.

Bhí sé ar fheabhas ar fad.

An Spásfhirín ab ainm don scannán.

Bhí sé an-ghreannmhar.

Thaitin an scannán go mór liom.

Bhain mé an-taitneamh as.

Tuar na hAimsire

Beidh an aimsir tirim ar maidin ach leathfaidh báisteach trasna na tíre um thráthnóna.

Beidh sé tirim don chuid is mó den lá sa tuaisceart.

Beidh ceathanna ann um thráthnóna.

Beidh an teocht idir ocht gcéim déag agus fiche céim Celsius.

Beidh sé tirim don chuid is mó den lá san oirthear freisin.

Beidh roinnt ceathanna ann um thráthnóna.

Beidh an teocht idir naoi gcéim déag agus aon chéim is fiche Celsius.

Beidh sé grianmhar don chuid is mó den lá san iarthar.

Beidh roinnt ceathanna ann um thráthnóna.

Beidh an teocht idir fiche céim agus dhá chéim is fiche Celsius.

Beidh an ghrian ag spalpadh anuas don chuid is mó den lá sa deisceart.

Beidh ceathanna ann go déanach sa tráthnóna.

Beidh an teocht idir aon chéim is fiche agus trí chéim is fiche Celsius.

18-20°C
20-22°C
19-21°C
21-23°C

Scríobh an nuacht.
Scríobh tuar na haimsire.

Scríobh an Scéal

Fadó, fadó, bhí Dáithí ina chónaí san ____.

Bhí ____ deartháireacha aige.

____ ab ea a dheartháireacha in arm an rí.

____ ab ea Dáithí.

Thug sé aire do na caoirigh ar an ____.

Tráthnóna amháin, tháinig ___ mór chun na caoirigh a ionsaí.

Chuir Dáithí ___ ina theilg.

Bhuail an chloch an béar sa cheann agus fuair an béar mór ___.

 seachtar	Iosrael	Aoire	 Saighdiúirí
 béar	 sliabh	 bás	 cloch

 Bí ag Scríobh

1 Rith ___ i dtreo an chaisleáin.

2 Rith ___ i dtreo an chaisleáin.

3 Rith ___ i dtreo an chaisleáin.

4 Rith ____ i dtreo an chaisleáin.

5 Rith ____ i dtreo an chaisleáin.

6 Rith ____ i dtreo an chaisleáin.

7 Rith ____ i dtreo an chaisleáin.

8 Rith ____ i dtreo an chaisleáin.

an béar	 an leon	na caoirigh	an saighdiúir
an rí	an t-aoire	an capall	an cú

Spraoi le Briathra Measúnú

Grúpa a hAon		
Inné **D'fh**	**Gach Lá** **ann** **eann**	**Amárach** **faidh** **fidh**
D'fhág sí	Fágann sí	Fágfaidh sí
D'fhan sí	_____ sí	_____ sí
D'fhéach sí	_____ sí	_____ sí
D'fhás sí	_____ sí	_____ sí

Grúpa a Dó		
Inné **D'**	**Gach Lá** **íonn** **aíonn**	**Amárach** **eoidh** **óidh**
D'ísligh sé	Íslíonn sé	Ísleoidh sé
D'ardaigh sé	_____ sé	_____ sé
D'éirigh sé	_____ sé	_____ sé
D'athraigh sé	_____ sé	_____ sé

Líon na Bearnaí

1 Niamh: Lig sí scread __.
2 mé: Lig mé scread __.
3 Ruairí: Lig sé scread __.
4 Liam: Lig sé scread __.
5 tú: Lig tú scread __.
6 Róisín: Lig sí scread __.

mé: asam
tú: asat
sé: as
sí: aisti

Roghnaigh an Focal Ceart

1	
	☐ caoirigh
	✓ cianrialtán
	☐ cuirtín

2	
	☐ barra rotha
	☐ buachaill
	☐ bláthchuach

3	
	☐ scannán
	☐ sráid
	☐ scáthán

4	
	☐ tolg
	☐ tuáille
	☐ teasaire

5	
	☐ tolg
	☐ tuáille
	☐ teasaire

6	
	☐ cealg
	☐ beach
	☐ sceach

Siopadóireacht

Bí ag Léamh Cé mhéad?

€11 aon euro déag	€12 dhá euro déag	€13 trí euro déag	€14 ceithre euro déag	€15 cúig euro déag
€21 euro is fiche	€22 dhá euro is fiche	€33 trí euro is tríocha	€44 ceithre euro is daichead	€55 cúig euro is caoga

Freagair na Ceisteanna

1 Cé mhéad airgid atá agat?

Tá trí euro is fiche agam.

2 Cé mhéad airgid atá agat?

Tá ____ euro ____ agam.

3 Cé mhéad airgid atá agat?

Tá ____ euro ____ agam.

4 Cé mhéad airgid atá agat?

Tá ____ euro ____ agam.

5 Cé mhéad airgid atá agat?

Tá ____ euro is ____ agam.

6 Cé mhéad airgid atá agat?

Tá ____ euro is ____ agam.

7 Cé mhéad airgid atá agat?

Tá ____ euro is ____ agam.

8 Cé mhéad airgid atá agat?

Tá ____ euro is ____ agam.

9 Cé mhéad airgid atá agat?

Tá ____ euro is ____ agam.

10 Cé mhéad airgid atá agat?

        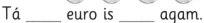

Tá ____ euro is ____ agam.

Bí ag Léamh

Inné	Gach Lá	Amárach

Cheannaigh Oisín feadóg inné.	Ceannaíonn Niamh mála spóirt gach lá.	Ceannóidh Liam bróga spóirt amárach.

Spraoi le Briathra

Grúpa 2		
Inné h	**Gach Lá** íonn aíonn	**Amárach** eoidh óidh
Cheannaigh	Ceannaíonn	Ceannóidh

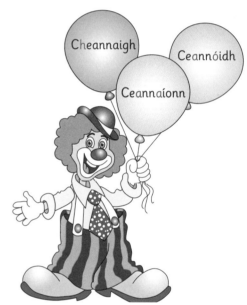

Scríobh na hAbairtí

1 Cheannaigh Ruairí clogad nua inné.

___ Ruairí clogad nua gach lá.

___ Ruairí clogad nua amárach.

2 Cheannaigh Liam camán nua inné.

___ Liam camán nua gach lá.

___ Liam camán nua amárach.

Bí ag Scríobh

1 Rachaidh mé go dtí an siopa spóirt agus ceannóidh mé _____.

2 Rachaidh mé go dtí an siopa spóirt agus ceannóidh mé _____.

3 Rachaidh mé go dtí an siopa spóirt agus ceannóidh mé _____.

4 Rachaidh mé go dtí an siopa spóirt agus ceannóidh mé _____.

	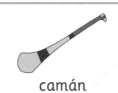		
clogad	camán	feadóg	sliotar

Rachaimid ag Siopadóireacht

Rachaimid ag siopadóireacht
Thíos faoin mbaile mór.
Faigh mo mhála is mo chóta,
Tá an aimsir beagáinín fuar.
Rachaimid ag siopadóireacht-
Cad a cheannóidh mé?
Seacláid nó uachtar reoite,
Nó pízza deas don tae?

Curfá
Rachaidh mé. Rac, rac, rac.
Rachaidh tú. Rac, rac, rac.
Rachaidh sé. Rac, rac, rac.
Rachaidh sí. Rac, rac, rac.
Rachaimid. Sea!

Rachaimid go dtí an poll sa bhalla
Thíos faoin mballa mór.
Níl pingin rua i mo phóca,
Tá fiche euro uaim.
Rachaimid ag siopadóireacht
Thíos faoin mballa mór.
Faigh mo mhála is mo chóta,
Tá an aimsir beagáinín fuar.

 Can an t-amhrán.
Scríobh an t-amhrán.
Tarraing pictiúr.

Bí ag Caint — Ag Siopadóireacht sa Siopa Bréagán

clogad

feadóg stáin

cluiche

bábóg

camán

scátaí

rothar

liathróid

caisleán

Gach Lá		
An + urú	✓	**Ní + séimhiú [h]**
An gceannaíonn?	Ceannaíonn	Ní cheannaíonn

Obair Bheirte

1 An gceannaíonn Liam feadóg?
2 An gceannaíonn Ruairí cluiche?
3 An gceannaíonn Oisín bád?
4 An gceannaíonn Liam saighdiúir?
5 An gceannaíonn Oisín clogad?
6 An gceannaíonn Niamh scátaí?
7 An gceannaíonn Samar caisleán?
8 An gceannaíonn Róisín scátaí?
9 An gceannaíonn Niamh rothar?
10 An gceannaíonn Ciara leabhar?

Bí ag Léamh Freagair na Ceisteanna

Cheannaigh Liam feadóg agus leabhar. Thug sé fiche euro don siopadóir.
Cé mhéad airgid a chaith sé?
Cén briseadh a fuair sé?

Cheannaigh Ruairí cluiche agus sliotar. Thug sé céad euro don siopadóir.
Cé mhéad airgid a chaith sé?
Cén briseadh a fuair sé?

Cheannaigh Oisín clogad agus camán. Thug sé céad euro don siopadóir.
Cé mhéad airgid a chaith sé?
Cén briseadh a fuair sé?

Cheannaigh Ciara bábóg agus bád.
Thug sé caoga euro don siopadóir.
Cé mhéad airgid a chaith sí?
Cén briseadh a fuair sí?

Cheannaigh Róisín scátaí.
Thug sí caoga euro don siopadóir.
Cé mhéad airgid a chaith sí?
Cén briseadh a fuair sí?

Cheannaigh Samar scátaí agus camán.
Thug sé daichead euro don siopadóir.
Cé mhéad airgid a chaith sé?
Cén briseadh a fuair sé?

Cheannaigh Niamh clogad
Thug sí céad euro don siopadóir.
Cé mhéad airgid a chaith sí?
Cén briseadh a fuair sí?

Cheannaigh Pól leabhar agus liathróid.
Thug sé caoga euro déag don siopadóir.
Cé mhéad airgid a chaith sé?
Cén briseadh a fuair sé?

Cheannaigh Cáit rothar
Thug sí céad euro don siopadóir.
Cé mhéad airgid a chaith sí?
Cén briseadh a fuair sí?

| €15 cúig euro déag | €16 sé euro déag | €17 seacht euro déag | €18 ocht euro déag | €19 naoi euro déag |
| €55 cúig euro is caoga | €66 sé euro is seasca | €77 seacht euro is seachtó | €88 ocht euro is ochtó | €99 naoi euro is nócha |

Bí ag Léamh (San Ollmhargadh)

Bhí an chlann san ionad siopadóireachta. Bhí an áit plódaithe le daoine. Bhí tralaí ag Mamaí. Bhí siad ag dul isteach san ollmhargadh.

Chonaic Ciara staighre. Thosaigh Ciara ag pleidhcíocht. Chuaigh sí síos an staighre.

Thosaigh Oisín ag gáire. 'A Mhamaí, féach ar Chiara.' 'Tá sí thíos ag bun an staighre.'

'Tar aníos,' arsa Mámaí. 'Ná bí ag pleidhcíocht,' 'Ceart go leor,' arsa Ciara.

Thosaigh Ciara ag teacht aníos an staighre.

Bhí Mamaí sásta nuair a tháinig Ciara aníos. 'Beir greim láimhe ar Chiara,' arsa Mamaí le Niamh. 'Rachaimid ag siopadóireacht.'

1 Cá raibh an chlann?
2 Cé a chuaigh síos an staighre?
3 An ndeachaigh Mamaí síos an staighre?
4 An ndeachaigh Oisín síos an staighre?
5 An raibh Ciara thíos ag bun an staighre?
6 An raibh Niamh thíos ag bun an staighre?
7 An raibh Mamaí thíos ag bun an staighre?
8 Ar tháinig Ciara aníos an staighre?

Tá Ruairí ag dul síos an staighre.

Tá Róisín thíos ag bun an staighre.

Tá Liam ag teacht aníos an staighre.

 Bí ag Scríobh

1 Tá Ruairí ag dul ____ an staighre.
2 Tá Róisín ____ ag bun an staighre.
3 Tá Liam ag teacht ____ an staighre.

Bí ag Léamh Ag Siopadóireacht sa Siopa Ceoil

Bhí na páistí ag siopadóireacht sa bhaile mór. Chuaigh siad isteach sa siopa ceoil.

Dia daoibh.

Dia's Muire duit.

Cén chaoi a bhfuil sibh?

Táimid togha.

Cén chaoi a bhfuil tú?

Tá mé thar barr.

Cad atá ag teastáil uaibh?

Tá uirlis cheoil nua ag teastáil uainn.

Cé mhéad atá ar an mbainseó?

Ceithre euro is daichead.

Cé mhéad atá ar an mbosca ceoil?

Naoi euro is ochtó.

Cé mhéad atá ar an ngiotár leictreach?

Sé euro is caoga.

Cé mhéad atá ar an druma?

Seacht euro is seasca.

Ba mhaith linn an bosca ceoil a cheannach. Seo duit céad euro.

Go raibh míle maith agat.

Seo duit an bosca ceoil. Seo duit an briseadh – aon euro déag.

Go raibh maith agat.

Slán libh agus go n-éirí an bóthar libh.

Slán go fóill.

Bí ag Léamh **Ag Siopadóireacht sa Siopa Ceoil**

sinn	sibh	siad

Tá giotár leictreach uainn.	Tá bainseó uaibh.	Tá druma uathu.

Líon na Bearnaí

1 **tú:** Tá feadóg stáin ____.

2 **mé:** Tá druma ____.

3 **sé:** Tá giotár leictreach ____.

4 **sí:** Tá pianó ____.

5 **Oisín:** Tá bainseó ____.

6 **Niamh:** Tá triantán ____.

7 **Ruairí:** Tá giotár ____.

8 **Róisín:** Tá veidhlín ____.

9 **Mamaí:** Tá cruit ____.

10 **sinn:** Tá bodhrán ____.

11 **sibh:** Tá trumpa ____.

12 **siad:** Tá bosca ceoil ____.

13 **na páistí:** Tá druma ____.

14 **na buachaillí:** Tá pianó ____.

15 **na cailíní:** Tá bainseó ____.

16 **Róisín agus Ruairí:** Tá fidil ____.

mé: uaim
tú: uait
sé: uaidh
sí: uaithi
sinn: uainn
sibh: uaibh
siad: uathu

An maith libh Rock and Roll?

bosca ceoil

veidhlín

bainseó

cruit

feadóg stáin

'Cad atá uait, a Rebecca,
Istigh sa siopa ceoil?'
'Ba mhaith liom giotár leictreach,
Mar is breá liom Rock and Roll.'

'Seo duit do ghiotár leictreach,
Caoga euro, le do thoil.
Anois, bain díot do chóta
Agus seinn dom rock and roll.'

'Is liomsa an giotár leictreach.
Éistigí le mo cheol.
Canfaidh mé amhrán daoibh–
An maith libh rock and roll?'

druma

'Cad atá uait, a Rebecca,
Istigh sa siopa ceoil?'
'Ba mhaith liom giotár leictreach,
Mar is breá liom Rock and Roll.'

giotár leictreach

Can an t-amhrán.
Scríobh an t-amhrán.
Tarraing pictiúr.

Bí ag Caint — An Baile Mór

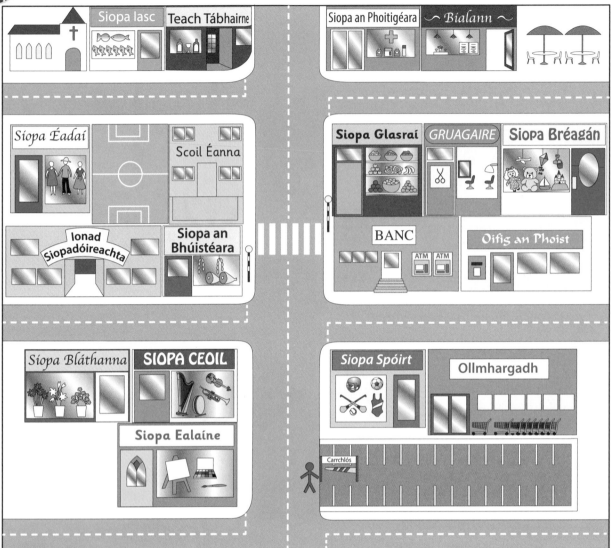

Tá tú ag an gcarrchlós. Tabhair na treoracha chun dul go dtí an Bhialann.

1 Téigh díreach ar aghaidh.
2 Tóg an dara casadh ar dheis ag an Siopa Glasraí.
3 Tá an Bhialann ar chlé in aice le Siopa an Phoitigéara.

Tá tú ag an gcarrchlós. Tabhair na treoracha chun dul go dtí an Siopa Éadaí.

1 Téigh díreach ar aghaidh.
2 Tóg an dara casadh ar chlé ag Scoil Éanna.
3 Tá an Siopa Éadaí ar chlé in aice leis an bpáirc imeartha.

Bí ag Caint — Tabhair na Treoracha

Tá tú ag an gcarrchlós. Tabhair na treoracha chun dul go dtí an Siopa Bréagán.

Tá tú ag an gcarrchlós. Tabhair na treoracha chun dul go dtí an Gruagaire.

Tá tú ag an gcarrchlós. Tabhair na treoracha chun dul go dtí an Pháirc Imeartha.

Tá tú ag an gcarrchlós. Tabhair na treoracha chun dul go dtí an Siopa Bláthanna.

An Nuacht

An Nuacht

An Satharn seo caite, chuaigh mé ag siopadóireacht sa bhaile mór le mo chlann.

Bhí an áit plódaithe le daoine.

Chuamar isteach sa Siopa Bréagán.

Cheannaigh Mamaí cluiche dom.

Cheannaigh sí liathróid d'Oisín freisin.

Bhí sceitimíní áthais orainn.

Bhíomar ar bís.

Chuamar isteach sa Bhialann.

Bhí béile blasta againn.

D'ith mé píotsa agus sceallóga prátaí.

D'ól mé uisce.

D'ith mé agus d'ól mé mo dhóthain.

Thaitin an lá ag siopadóireacht sa bhaile mór go mór liom.

 Bí ag Léamh [Tuar na hAimsire]

An Aimsir

Dia daoibh agus fáilte romhaibh go tuar na haimsire.

Beidh sé gaofar inniu i ngach áit ar fud na tíre.

Beidh gaoth láidir ag séideadh sa tuaisceart.

Beidh an teocht idir ocht gcéim agus aon chéim déag Celsius.

Beidh sé gaofar sa deisceart chomh maith.

Beidh sé tirim ar maidin ach beidh ceathanna báistí ann um thráthnóna.

Beidh an teocht idir naoi gcéim agus dhá chéim déag Celsius.

Beidh gaoth láidir ag séideadh san oirthear.

Beidh tintreach ann um thráthnóna.

Beidh an teocht idir seacht gcéim agus trí chéim déag Celsius.

Beidh gaoth láidir ag séideadh san iarthar.

Beidh toirneach ann um thráthnóna.

Beidh an teocht idir dhá chéim déag agus seacht gcéim déag Celsius.

An Banphrionsa agus an tAoire

Scríobh an Scéal

An Banphrionsa agus an tAoire

Aoire:	Dia ___.
Banphrionsa:	Dia's ___ duit
Aoire:	Cén chaoi a bhfuil tú?
Banphrionsa:	Tá mé ___ traochta.
	Tá mé ___ leis an ocras.
Aoire Óg:	Suigh síos agus ____ do scíth.
Scéalaí:	Shuigh an banphrionsa síos __ ___ __ ___.
	Bhí a ___ ina mhála ag an aoire.
	Thóg sé amach a lón agus thug sé é ___ bhanphrionsa.

Muire	stiúgtha	lig	don
duit	tuirseach	ar thaobh an bhóthair	lón

 Bí ag Scríobh

1 Bhí ___ ar thaobh an bhóthair.

2 Bhí ___ ar thaobh an bhóthair.

3 Bhí ___ ar thaobh an bhóthair.

4 Bhí ___ ar thaobh an bhóthair.

5 Bhí ___ ar thaobh an bhóthair.

6 Bhí ___ ar thaobh an bhóthair.

7 Bhí ___ ar thaobh an bhóthair.

8 Bhí ___ ar thaobh an bhóthair.

9 Bhí ___ ar thaobh an bhóthair.

10 Bhí ___ ar thaobh an bhóthair.

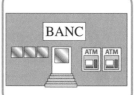

Spraoi le Briathra Measúnú

Grúpa 2		
Inné h	Gach Lá íonn aíonn	Amárach eoidh óidh
Cheannaigh sé	_____ sé	_____ sé
Chríochnaigh sé	_____ sé	_____ sé
Thosaigh sé	_____ sé	_____ sé
Bhailigh sé	_____ sé	_____ sé
Dhúisigh sé	_____ sé	_____ sé

 Bí ag Scríobh

1 Chríochnaigh sé an obair bhaile inné.

_____ sé an obair bhaile gach lá.

_____ sé an obair bhaile amárach.

2 Thosaigh sé ag siopadóireacht inné.

_____ sé ag siopadóireacht gach lá.

_____ sé ag siopadóireacht amárach.

3 Bhailigh sé na leabhair inné.

_____ sé na leabhair gach lá.

_____ sé na leabhair amárach.

4 Dhúisigh sé go déanach inné.

_____ sé go déanach gach lá.

_____ sé go déanach amárach.

 Líon na Bearnaí

1 sé: Tá clogad ___.

2 sinn: Tá sliotar ___.

3 sibh: Tá camán ___.

4 siad: Tá veidhlín ___.

5 tú: Tá bainseó ___.

6 na páistí: Tá triantán ___.

7 mé: Tá feadóg stáin ___.

8 na cailíní: Tá pianó ___.

mé: uaim
tú: uait
sé: uaidh
sí: uaithi
sinn: uainn
sibh: uaibh
siad: uathu

Lá 'le Pádraig

Bí ag Léamh

Márta 17

Bíonn Lá 'le Pádraig ann ar an seachtú lá déag de Mhárta.

Tarraingíonn na páistí pictiúir.

cruit

Tarraingíonn Oisín cruit.

seamróg

Tarraingíonn Niamh seamróg mhór ghlas.

bratach

Tarraingíonn Ruairí bratach na hÉireann. Dathaíonn sé an bhratach glas, bán agus ór.

Naomh Pádraig

Tarraingíonn Róisín Naomh Pádraig.

leipreachán

Tarraingíonn Liam leipreachán.

paráid

Tarraingíonn Samar paráid.

bratach · Naomh Pádraig · cruit · paráid · seamróg · leipreachán

Crochann an múinteoir na póstaeir ar an mballa. Bíonn na póstaeir go hálainn.

Spraoi le Briathra

Gach Lá		
? **An + Urú**	**✓**	**✗** **Ní + séimhiú**
An dtarraingíonn?	Tarraingíonn	Ní tharraingíonn

Freagair na Ceisteanna

1 An dtarraingíonn Oisín cruit?

2 An dtarraingíonn Niamh seamróg?

3 An dtarraingíonn Ruairí seamróg?

4 An dtarraingíonn Róisín cruit?

5 An dtarraingíonn Ruairí bratach?

6 An dtarraingíonn Róisín bratach?

7 An dtarraingíonn Róisín Naomh Pádraig?

8 An dtarraingíonn Samar seamróg?

9 An dtarraingíonn Samar paráid?

10 An dtarraingíonn Samar leipreachán?

An Leipreachán

réaltaí

an ghealach

pota óir

faoi scáth na gcrann

casúr

a bhróg

Ar mo thaisteal dom oíche amháin,
is mé ag dul síos an gleann.
Chonaic mé leipreachán,
is é faoi scáth na gcrann.

Bhí tic-tac-tic ar a bhróg aige.
's bhí a bhróigín ar a ghlúin.
Smaoinigh mé ar an bpota óir,
ach rith sé go tapa uaim.

Abair an dán.
Scríobh an dán.
Tarraing pictiúr.

Bí ag Léamh (Naomh Pádraig)

Buachaill óg ab ea Pádraig. Bhí sé ina chónaí sa Bhreatain Bheag.

Lá amháin, rug an rí Niall air. Bhí eagla an domhain ar Phádraig. Chuir Niall Pádraig ar long.

Thóg sé é go hÉirinn agus dhíol sé é mar sclábhaí. Cheannaigh Milchiú Pádraig.

Chuir sé Pádraig ag obair mar aoire i gContae Aontroma. Bhí Pádraig ag tabhairt aire do na caoirigh agus do na muca. Ní raibh aon chairde aige. Bhí uaigneas an domhain air.

Chodail Pádraig amuigh faoin aer leis na hainmhithe. Bhí sé stiúgtha leis an ocras. Bhí sé préachta leis an bhfuacht. Chaith Pádraig sé bliana ag tabhairt aire do na hainmhithe.

Oíche amháin, bhí brionglóid aige. Chuala sé go raibh long i Loch Garman chun é a thabhairt abhaile.

Rith Pádraig ar nós na gaoithe go Loch Garman.

Bhí long ag fanacht ansin chun é a thabhairt abhaile. Chuaigh Pádraig isteach sa long agus d'imigh sé abhaile go dtí an Bhreatain Bheag.

Bhí gliondar croí ar Phádraig mar bhí sé sa bhaile arís lena chlann agus lena chairde. Bhí sé sona sásta.

Freagair na Ceisteanna

1   Cá raibh Pádraig ina chónaí?

Bhí Pádraig ina chónaí _____.

2   Cé a rug air?

Rug _____.

3   Cén fáth a raibh eagla ar Phádraig?

Bhí eagla ar Phádraig mar _____.

4   Conas a tháinig Pádraig go hÉirinn?

Tháinig Pádraig go hÉirinn _____.

5   Cé a cheannaigh Pádraig?

Cheannaigh _____.

6   Cén obair a bhí ar siúl ag Pádraig?

Bhí Pádraig _____.

7   Cén fáth a raibh uaigneas air?

Bhí uaigneas air mar _____.

8   Cad a chuala sé ina bhrionglóid?

Chuala sé _____.

9   Conas a chuaigh Pádraig abhaile go dtí an Bhreatain Bheag?

Chuaigh Pádraig abhaile _____.

10   Cén fáth a raibh gliondar croí ar Phádraig?

Bhí gliondar croí ar Phádraig mar ____.

 Bí ag Scríobh

Bhí ___ air.

Bhí sé ____ ____ __ ___.

Bhí sé ____ ____ __ ___.

Bhí ___ air.

Bhí ____ ____ air.

Bhí ___ air.

tuirse	préachta leis an bhfuacht	uaigneas
gliondar croí	stiúgtha leis an ocras	fearg

190

Amhrán na bhFiann

Sinne Fianna Fáil, atá faoi gheall ag Éirinn;

Buíon dár slua thar toinn do ráinig chugainn.

Faoi mhóid bheith saor, seantír ár sinsear feasta.

Ní fhágfar faoin tíorán ná faoin tráill.

Anocht a théim sa bhearna bhaoil,

Le gean ar Ghaeil chun báis nó saoil;

Le gunna scréach, faoi lámhach na bpiléar,

Seo libh, canaig' amhrán na bhFiann.

 Can an t-amhrán.
Scríobh an t-amhrán.
Tarraing pictiúr.

An Cháisc

Bí ag Léamh

Beannachtaí na Cásca

Do: Mamó agus Daideo

Cáisc shona daoibh.
Feicfidh mé sibh i rith na Cásca.

Ó: Niamh

xxx

Déan cárta Cásca.
Scríobh teachtaireacht ar an gcárta.

Bí ag Léamh (**Domhnach Cásca**)

Domhnach Cásca a bhí ann.
Chuaigh na páistí ag siúl faoin tuath.

Chonaic siad lon dubh.

Chonaic siad fiach dubh.

Chonaic siad céirseach.

Chonaic siad préachán.

Chonaic siad spideog.

Chonaic siad fuiseog.

Chonaic siad dreoilín.

Chonaic siad smólach.

 Tarraing na héin i do chóipleabhar.
1 Tarraing lon dubh.   2 Tarraing fiach dubh.
3 Tarraing céirseach.   4 Tarraing préachán.
5 Tarraing spideog.   6 Tarraing fuiseog.
7 Tarraing dreoilín.   8 Tarraing smólach.
Scríobh an focal ceart in aice le gach éan.

Éiníní

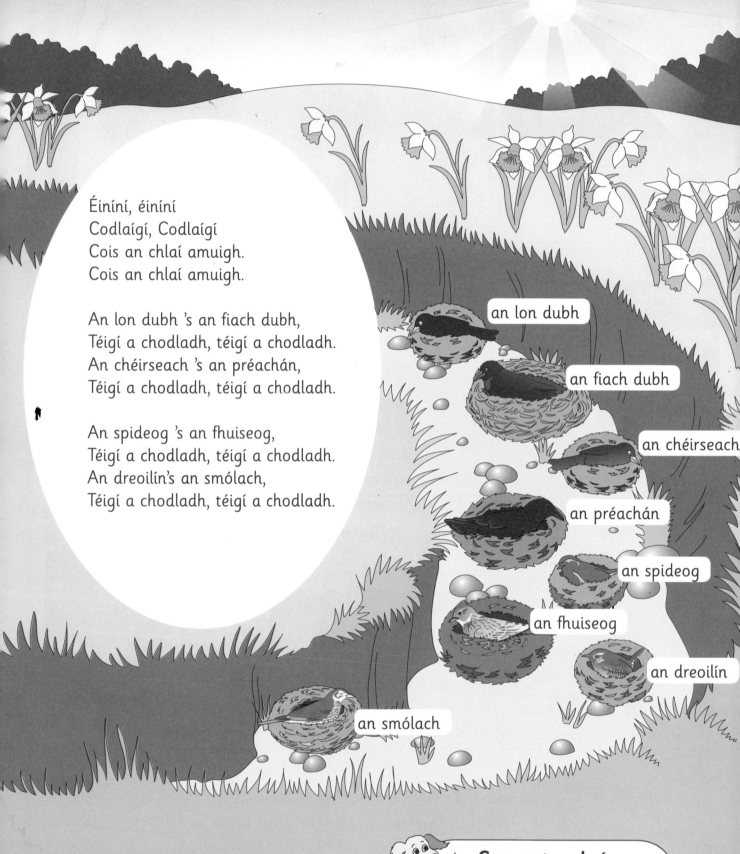

Éiníní, éiníní
Codlaígí, Codlaígí
Cois an chlaí amuigh.
Cois an chlaí amuigh.

An lon dubh 's an fiach dubh,
Téigí a chodladh, téigí a chodladh.
An chéirseach 's an préachán,
Téigí a chodladh, téigí a chodladh.

An spideog 's an fhuiseog,
Téigí a chodladh, téigí a chodladh.
An dreoilín's an smólach,
Téigí a chodladh, téigí a chodladh.

an lon dubh

an fiach dubh

an chéirseach

an préachán

an spideog

an fhuiseog

an dreoilín

an smólach

Can an t-amhrán.
Scríobh an t-amhrán.
Tarraing pictiúr.

An Samhradh

Mí Iúil

15 An cúigiú lá déag de Mhí Iúil	**16** An séú lá déag de Mhí Iúil	**17** An seachtú lá déag de Mhí Iúil	**18** An t-ochtú lá déag de Mhí Iúil	**19** An naoú lá déag de Mhí Iúil

20 An fichiú lá de Mhí Iúil	**21** An t-aonú lá is fiche de Mhí Iúil	**22** An dara lá is fiche de Mhí Iúil	**23** An tríú lá is fiche de Mhí Iúil	**24** An ceathrú lá is fiche de Mhí Iúil

Obair Bheirte

1 Cad a bhí á dhéanamh ag na páistí ar an seachtú lá déag de Mhí Iúil?

2 Cad a bhí á dhéanamh ag na páistí ar an gceathrú lá is fiche de Mhí Iúil?

3 Cad a bhí á dhéanamh ag na páistí ar an dara lá is fiche de Mhí Iúil?

4 Cad a bhí á dhéanamh ag na páistí ar an gcúigiú lá déag de Mhí Iúil?

5 Cad a bhí á dhéanamh ag na páistí ar an ochtú lá déag de Mhí Iúil?

6 Cad a bhí á dhéanamh ag na páistí ar an bhfichiú lá de Mhí Iúil?

ag canadh	ag sleamhnú	ag crú na gréine	ag luascadh	ag seinm ceoil

ag tarraingt	ag iascaireacht	ag imirt leadóige	ag dornálaíocht	ag imirt cártaí

Éirígí, a Pháistí

Éirígí, a pháistí!
Amach libh faoin aer.
Tá an ghrian gheal ag taitneamh.
Níl scamall sa spéir.

Tá gaoth bhog ag séideadh
Thar cnoc agus gleann
Tá duilleoga ag damhsa
Ar sceach is ar chrann.

Tá úlla is sméara
Go tiubh ar gach craobh.
Tá bláthanna geala
Ag fás ar gach taobh.

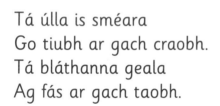

Éirígí, a pháistí!
Amach libh faoin aer.
Chun aoibhneas a bhaint
As an áilleacht go léir.

Can an t-amhrán.
Scríobh an t-amhrán.
Tarraing pictiúr.

Bí ag Léamh (Cuairt ar an bhFeirm)

Lá breá gréine a bhí ann. Bhí an aimsir go hálainn ar fad. Bhí an ghrian ag spalpadh anuas.

Chuaigh Róisín amach faoin tuath. Bhí Ruairí in éineacht léi. Thug siad cuairt ar fheirm. Chonaic siad bó agus lao sa pháirc.

Chonaic siad capall agus searrach. Bhí siad ag rith go tapa timpeall na páirce.

Bhí muc agus banbh ag ithe bia i gclós na feirme.

Bhí uan agus caora ag iníor sa pháirc.

Bhí an feirmeoir sa tarracóir. Bhí sé ag obair go dian. Bhí sé ag baint an fhéir.

Bhí picnic ag na páistí i gclós na feirme. Tháinig coileán chucu. Bhí sé ag tafann. Thug na páistí bia dó. Bhí sé lánsásta.

Bhí puisín beag ag ól bainne i gclós na feirme. Chuimil Róisín é.

Thaitin an turas go dtí an fheirm go mór leis na páistí. Bhí lá iontach acu.

 Bí ag Scríobh (Ainmhithe Óga)

1 Bó agus ____.

2 Caora agus ____.

3 Capall agus ____.

4 Madra agus ____.

5 Cat agus ____.

6 Muc agus ____.

 Bí ag Scríobh

1 Rith ____ timpeall na páirce.

2 Rith ____ timpeall na páirce.

3 Rith ____ timpeall na páirce.

4 Rith ____ timpeall na páirce.

Bí ag Léamh — Lá Faoin Tuath

Lá breá gréine

an ghrian ag spalpadh anuas

feirmeoir

ag obair go dian

ag baint an fhéir

capall agus searrach

bó agus lao

ag rith go tapa timpeall na páirce

ag iníor sa pháirc

caora agus uan

muc agus banbh

ag ithe bia i gclós na feirme

Bhí picnic agam.

puisín

ag tafann

coileán

ag ól bainne

Scríobh an Scéal — Lá Faoin Tuath

1 An ndeachaigh tú amach faoin tuath?
2 Cé a bhí in éineacht leat?
3 Cén saghas aimsire a bhí ann?
4 Cad a chonaic tú?
5 Cad a bhí á dhéanamh ag an gcapall agus ag an searrach?
6 Cad a bhí á dhéanamh ag an gcaora agus ag an uan?
7 Cad a bhí á dhéanamh ag an muc agus ag an mbanbh?
8 Cad a bhí á dhéanamh ag an bpuisín?
9 Cad a bhí á dhéanamh ag an bhfeirmeoir?
10 An bhfaca tú coileán?
11 An raibh picnic agat?
12 Ar thaitin an lá faoin tuath leat?

 Tarraing pictiúr.

Bí ag Caint — Lá Cois Farraige

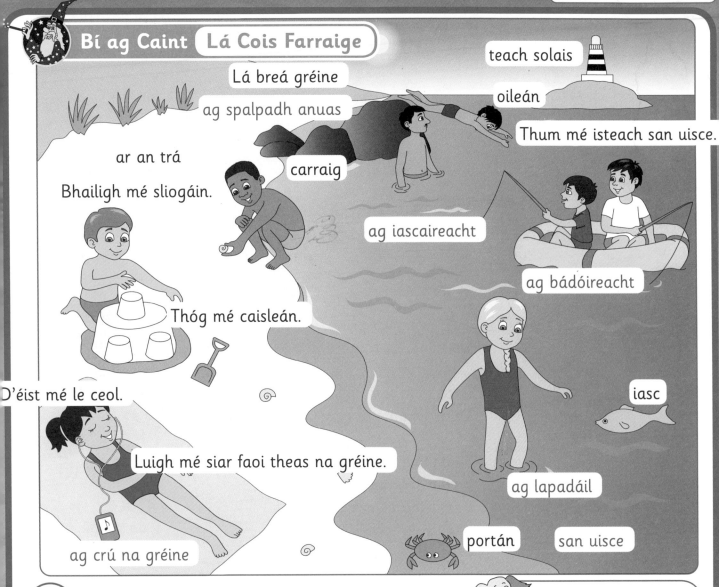

teach solais

oileán

Lá breá gréine

ag spalpadh anuas

Thum mé isteach san uisce.

ar an trá

carraig

Bhailigh mé sliogáin.

ag iascaireacht

ag bádóireacht

Thóg mé caisleán.

D'éist mé le ceol.

iasc

Luigh mé siar faoi theas na gréine.

ag lapadáil

ag crú na gréine

portán   san uisce

Scríobh an Scéal — Lá Cois Farraige

Tarraing pictiúr.

1 An ndeachaigh tú go dtí an trá?
2 Cén saghas aimsire a bhí ann?
3 An raibh tú ag crú na gréine?
4 Ar luigh tú siar faoi theas na gréine?
5 An raibh tú ag lapadáil san uisce?
6 An ndeachaigh tú ag snámh?
7 An ndeachaigh tú ag bádóireacht?
8 An ndeachaigh tú ag iascaireacht?
9 Ar éist tú le ceol?
10 Ar thóg tú caisleán?
11 Ar bhailigh tú sliogáin?
12 An bhfaca tú teach solais ar oileán?

Spraoi le Briathra — Briathra don Scéal

Inné		
?	✓	✗
An ndeachaigh tú?	Chuaigh mé	Ní dheachaigh mé
An raibh tú?	Bhí mé	Ní raibh mé
An bhfaca tú?	Chonaic mé	Ní fhaca mé

Inné	
Chuaigh mé	D'éist mé
Bhí mé	Thóg mé
Chonaic mé	Bhailigh mé
Luigh mé	Thum mé

199

Ar an Trá

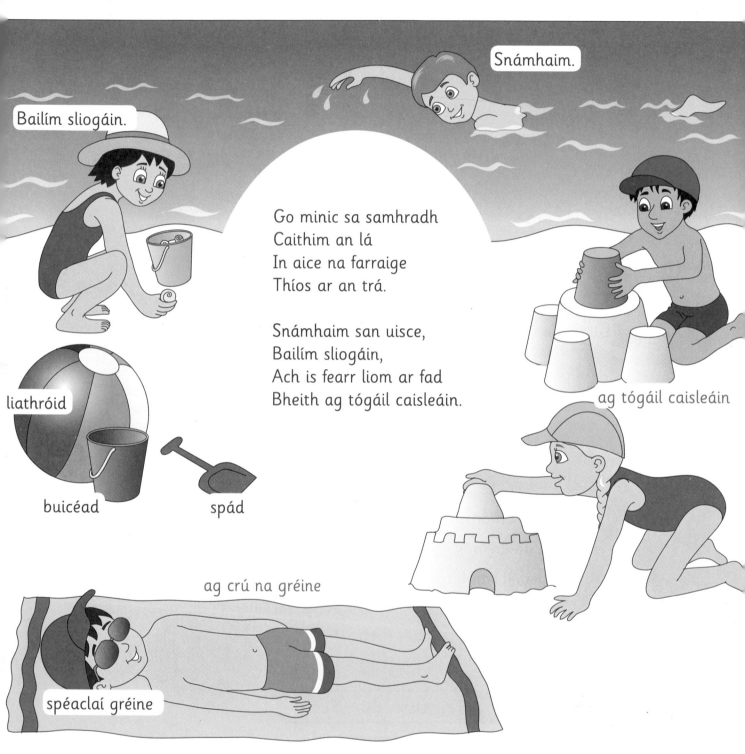

Snámhaim.

Bailím sliogáin.

Go minic sa samhradh
Caithim an lá
In aice na farraige
Thíos ar an trá.

Snámhaim san uisce,
Bailím sliogáin,
Ach is fearr liom ar fad
Bheith ag tógáil caisleáin.

liathróid

buicéad

spád

ag tógáil caisleáin

ag crú na gréine

spéaclaí gréine

ina luí faoi theas na gréine

Abair an dán.
Scríobh an dán.
Tarraing pictiúr.

Dul Siar

Struchtúr Abairte agus Gramadach

 Spraoi le Briathra

Ordú

Tú	Sibh igí aigí
Léim	Léimigí
Rith	_____
Glan	_____
Dún	_____
Cuir	_____
Pioc	_____
Buail	_____
Ól	_____
Féach	_____
Fan	_____

Grúpa a hAon

Ordú	Inné h	Gach Lá ann eann	Amárach faidh fidh
Cuir	Chuir sí	Cuireann sí	Cuirfidh sí
Tóg	_____ __	_____ __	_____ __
Glan	_____ __	_____ __	_____ __
Dún	_____ __	_____ __	_____ __
Pioc	_____ __	_____ __	_____ __
Buail	_____ __	_____ __	_____ __
Seinn	_____ __	_____ __	_____ __
Béic	_____ __	_____ __	_____ __
Seas	_____ __	_____ __	_____ __
Bris	_____ __	_____ __	_____ __

Grúpa a hAon

Ordú	Inné D'	Gach Lá ann eann	Amárach faidh fidh
Ól	D'ól sí	Ólann sí	Ólfaidh sí
Éist	_____ __	_____ __	_____ __

Grúpa a hAon

Ordú	Inné D'fh	Gach Lá ann eann	Amárach faidh fidh
Fan	D'fhan sí	Fanann sí	Fanfaidh sí
Fág	_____ __	_____ __	_____ __
Féach	_____ __	_____ __	_____ __

Ceisteanna – Inné

Ar?	✓	Níor
Ar chuir sé?	Chuir sé	Níor chuir sé
Ar ghlan sé?	_____	_____
Ar bhris sé?	_____	_____
Ar thóg sé?	_____	_____
Ar sheinn sé?	_____	_____
Ar dhún sé?	_____	_____
Ar thosaigh sé?	_____	_____
Ar bhailigh sé?	_____	_____
Ar ghortaigh sé?	_____	_____
Ar dhúisigh sé?	_____	_____
Ar thriomaigh sé?	_____	_____
Ar dhathaigh sé?	_____	_____

Grúpa a hAon

Inné amar eamar	Gach Lá aimid imid	Amárach faimid fimid
Chuir mé	Cuirim	Cuirfidh mé
_____	_____	_____
_____	_____	_____
_____	_____	_____
_____	_____	_____
_____	_____	_____
_____	_____	_____

Grúpa a hAon

Inné amar eamar	Gach Lá aimid imid	Amárach faimid fimid
Thóg mé	Tógaim	Tógfaidh mé
_____	_____	_____
_____	_____	_____
_____	_____	_____
_____	_____	_____
_____	_____	_____
_____	_____	_____

Ceisteanna – Inné

Ar?	✓	Níor
Ar ól sé?	D'ól sé	Níor ól sé
Ar fhéach sé?	_____	_____
Ar fhan sé?	_____	_____
Ar fhág sé?	_____	_____

Ceisteanna – Inné

An?	✓	Ní
An raibh sé?	_____	_____
An bhfaca sé?	_____	_____
An ndeachaigh sé?	_____	_____
An ndúirt sé?	_____	_____
An bhfuair sé?	_____	_____
An ndearna sé?	_____	_____

Spraoi le Briathra

Grúpa a Dó		
Inné h	**Gach Lá** íonn aíonn	**Amárach** eoidh óidh
Cheannaigh sé	Ceannaíonn sé	Ceannóidh sé
Dhúisigh sé	_____ __	_____ __
Bhailigh sé	_____ __	_____ __
Thosaigh sé	_____ __	_____ __
Chríochnaigh sé	_____ __	_____ __
Ghortaigh sé	_____ __	_____ __
Dhathaigh sé	_____ __	_____ __
Thriomaigh sé	_____ __	_____ __

Grúpa a Dó		
Inné D'	**Gach Lá** íonn aíonn	**Amárach** óidh eoidh
D'éirigh sé	Éiríonn sé	Éireoidh sé
D'ísligh sé	_____ __	_____ __
D'athraigh sé	_____ __	_____ __
D'ardaigh sé	_____ __	_____ __
D'imigh sé	_____ __	_____ __
D'inis sé	_____ __	_____ __
D'imir sé	_____ __	_____ __

Líon na Bearnaí

chugam
chugat
chuige
chuici

1 mé: Tháinig an madra ___.

2 sé: Tháinig an cat ___.

3 tú: Tháinig an cú ___.

4 sí: Tháinig an puisín ___.

5 Niamh: Tháinig an cailín ___.

6 Oisín: Tháinig an buachaill ___.

asam
asat
as
aisti

1 mé: Lig mé béic ___.

2 sé: Lig sé béic ___.

3 tú: Lig tú béic ___.

4 sí: Lig sí béic ___.

5 Ruairí: Lig sé béic ___.

6 Róisín: Lig sí béic ___.

Líon na Bearnaí

orm
ort
air
uirthi
orainn
oraibh
orthu

1 tú: Tá brón ___.
2 mé: Tá áthas ___.
3 sinn: Tá fearg ___.
4 sí: Tá eagla ___.
5 sibh: Tá ocras ___.
6 siad: Tá tart ___.

dom
duit
dó
di
dúinn
daoibh
dóibh

1 sé: Thug sé peann ___.
2 tú: Thug sé mála ___.
3 sí: Thug sé leabhar ___.
4 siad: Thug sé cóipleabhar ___.
5 sibh: Thug sé scriosán ___.
6 sinn: Thug sé rialóir ___.

agam
agat
aige
aici
againn
agaibh
acu

1 tú: Níl peann dearg ___.
2 mé: Níl mála ___.
3 sí: Níl scriosán ___.
4 sinn: Níl málaí ___.
5 siad: Níl cóipleabhair ___.
6 sibh: Níl leabhair ___.

uaim
uait
uaidh
uaithi
uainn
uaibh
uathu

1 tú: Tá bainne ___.
2 mé: Tá uisce ___.
3 sí: Tá oráiste ___.
4 sibh: Tá banana ___.
5 sinn: Tá úlla ___.
6 siad: Tá ceapairí ___.

díom
díot
de
di
dínn
díbh
díobh

1 Bhain mé mo chóta ___.
2 Bhain sí a cóta ___.
3 Bhain tú do chóta ___.
4 Bhaineamár ár gcótaí ___.
5 Bhain sibh bhur gcótaí ___.
6 Bhain siad a gcótaí ___.

liom
leat
leis
léi
linn
libh
leo

1 mé: Thaitin an sorcas ___.
2 sé: Thaitin an clár dúlra ___.
3 sí: Thaitin an nuacht ___.
4 sinn: Thaitin an dráma ___.
5 sibh: Thaitin an cartún ___.
6 siad: Thaitin an clár ceoil ___.